오십,
다시 돌봄이
시작되었다

오십, 다시 돌봄이 시작되었다

요양보호사이자 돌봄 전문가의
가족 돌봄과 자기 돌봄 이야기

------------------------- 백미경 지음

푸른향기
Prunhyanggi Publishing Co.

중년의 봄을 꿈꾸는 나의 친구들,

그리고 돌봄이 필요한 모든 이들을 응원한다.

프롤로그

내 나이 오십,
다시 돌봄이 시작되었다

　나의 오십은 스산한 가을 문턱에 서 있는 줄 알았다. 오십 중년의 나는, 정작 자신에게 무관심했고 스스로를 사랑할 줄 몰랐다. 살아온 세월을 자식에게, 남편에게, 가족에게 인정받고, 보상받기를 기대했다. 청춘 시절엔 혼자만 잘하면 되는 줄 알았다. 함께 가야 함을 몰랐다. 빨리 성공하고 싶었다. 남들보다 돈을 빨리, 많이 벌고 싶었고 좋은 집에서 우리 아이들과 행복하게 살고 싶었다. 그렇게 나 혼자 가기에 바빠 주변을 둘러보지도 못했고, 나 자신도 돌보지 못했다.

10년 이상 어린이집을 운영하며 보람을 느끼고 남편과 성실하게 아이들을 키워내며 그럭저럭 만족스러운 삶을 살고 있었다. 그런데 재개발로 인하여 어린이집 문을 닫게 되며 내 삶에도 큰 변화가 생기기 시작했다.

매일 아침이면 출근하던 직장이 하루아침에 사라지고 나서야 알았다. 평생직장은 없구나! 모든 게 허상이었구나! 매일 아침부터 밤까지 열심히 앞만 보고 달려왔는데, 그 끝엔 아무것도 없었다. 그곳엔 내가 책임져야 할 가족만 있을 뿐이었다. 힘 빠진 오십 중년의 아줌마와 부양해야 할 늙어버린 부모님, 그리고 책임져야 할 나의 아이들만 있을 뿐이었다.

나에게 아낌없이 다 주어서, 등이 휘고 어깨가 말려버린 늙어버린 나의 부모님. 그런 부모가 이제 나에겐 부담스러운 존재이다. 오십 중년이 된 나는, 팔순 넘은 부모의 전화는 피하고 싶고, 내 사랑하는 아이들에게는 계속 전화해

소식을 듣고 싶어 한다.

내 영혼까지 쪽쪽 빨아먹는 내 아이들, 사랑하는 내 아이들은 나에게서 해방되고 싶어 했다.

"그래. 나도 자식을 향한 과잉 사랑에서 해방하겠어!"

그렇게 나는 공부를 다시 시작했다.

2020년부터 간호조무사 사회복지사 2급, 1급, 요양보호사 자격증을 모조리 땄다. 무너진 자존감을 회복하기 시작했고, 어렸을 때 하지 못한 공부, 나에게 결핍되었던 공부를 원 없이 해보기로 결심했다. 그 과정에서 깨달았다. 나는 사람들을 돌봐주고 그들의 돌봄을 통해 치유를 받는구나! 사람들 속에서 행복을 느끼는구나!

영유아뿐만 아니라 전 생애에 필요한 '돌봄' 그리고 '가족'에 관한 공부가 하고 싶어졌다. 유아교육 석사과정을 졸업한 내가 석사과정을 또 한다고 하니 남편과 가족들은 이해하지 못했다.

"그 나이에 무슨 공부를 하냐? 석사가 있는 데 또 석사과정을 왜 또 밟냐? 하던 일을 했으면 좋겠다. 차라리 여행을 다녀와."

그렇게 반대를 무릅쓰고 생애 돌봄 정책학 석사과정을 또다시 공부하게 되었다. 그 과정에서 나의 또 다른 가능성을 발견하게 된다.

나이는 숫자에 불과하다고 하지만 그건 나이 듦을 위로해 주기 위한 말일뿐이다. 2~30대처럼 성공하기 위해 타인과 경쟁하면서 앞만 보고 달리다 보면 50 이후의 삶엔 대상포진, 이석증, 뇌출혈, 그리고 암이라는 신체적 질병만 남을 뿐이다. 이 나이가 되어보니 돈이나 권력, 지위는 어느 순간 물거품처럼 사라짐을 알았다.

오십 중년은 스산한 가을의 문턱이 아니라 몇 번의 계절을 돌고 돌아 또다시 봄의 계절 앞에 서 있다는 것을 깨달았다. 하나의 각도로 세상을 보는 것이 아니라 다양한 각도로 세상을 볼 수 눈을 가졌음을, 내 나이 오십에야 알았다. 오십하고 다섯 번째 맞이하는 봄은 그동안 내가 느끼지 못했던 봄의 계절이며 또 다른 시작이다. 이 책에는 내가 깨닫고 준비한 것을 모두 담았다.

첫 번째 장은 가족을 부양하던 아빠를 오십이 된 딸이 요양보호사가 되어 돌보게 되는 이야기다. 돌봄은 가족과 함께 국가가 책임지고 있다고 하지만, 가족 안의 딸로서 아내로서 느끼는 전통적인 여성 돌봄의 부담을 엿볼 수 있다.

두 번째 장은 추구하는 바가 다른 세대에서 변화하는 가족 돌봄 이야기이다. 여성의 사회적 진출, 일방적이고 차별적인 전통적 가족 돌봄에서 벗어나 싱글라이프를 추구하는 1인 가구 등 가족의 변화를 인식할 수 있다.

세 번째 장은 노년과 청년 사이에 선 중년이 자신을 이해하기 위해 스스로를 돌아보는 이야기이다. 부모-자식이 서로 부양 돌봄 부담에서 벗어나 자주적 돌봄으로 성장을 준비할 수 있다. 누구의 자식, 누구의 아내, 누구의 엄마로의 운명 또한 행복한 삶으로 인정하고, 자신만의 아모르 파티를 시작하려 한다.

네 번째 장은 진정한 가족과 돌봄의 의미를 깨달은 중년의 도전을 다루고 있다. 오십 이전의 삶과 다른 각도로 세상을 바라보고 싶은 중년여성의 다짐이다. 그 시작은 따뜻한 봄날이길 꿈꾼다.

다섯 번째 장은 다양한 가족의 돌봄과 함께 돌봄의 의미를 살펴본다. 혈연으로 맺어진 가족뿐 아니라 다양한 가족을 인정하고 새로운 가족 안에서 행복한 노년을 만들 수 있음을 기대한다.

이 책의 처음 길잡이가 되어주신 교수님과 책이 완성되기까지 자신의 사연을 아낌없이 제공해 준 분들, 그리고 첫 번째 독자로 나의 원고를 읽어준 친구 최은영님께 감사의 인사를 전한다. 원고를 쓸 수 있는 공간을 내어주신 Atti 까페 사장님과 중년의 봄을 꿈꾸는 나의 친구들 성미, 미영, 희숙, 기자, 미수… 그리고 돌봄이 필요한 모든 이들을 응원한다.

이 책이 돌봄의 새로운 교과서가 되어 사람들에게 읽히

길 바라는 마음이다. 신세대와 구세대가 수다 떨듯 읽고 소통하며 서로를 돌보는 존재가 되는 데 작은 도움이 되길 바란다.

목차

1장 아빠의 요양보호사가 되다

2장　가족의 형태가 변하고 있다

3장 어서 오세요, 나의 중년!

4장 나의 중년은 늘 봄이다

5장 함께 돌봄으로 삶을 완성하다

1장

아빠의
요양보호사가 되다

"부모 돌봄의 가장 큰 고통은
우리가 함께 늙어간다는 것이었다.
가족 돌봄이 나의 엄마에 이어 내 숨통까지
짓누르고 있다."

아빠를 부탁해

아침 8시 하루도 빠짐없이 울리는 전화벨 소리. 전화기 너머로 엄마의 목소리가 들려온다.

"미경아, 몇 시에 오니?"

나는 아빠의 요양보호사다. 어제도 부모님 집에 가고 오늘도 가고 내일도 갈 것이다. 그리고 엄마는 매일 아침 8시면 변함없이 전화해서 "미경아, 몇 시에 올 거니?"라고 물을 것이다. 아빠는 여든다섯으로, 요양 등급 3급을 인정받아 방문요양서비스를 지원받을 수 있다. 혹시나 하고 따놓은 요양보호사 자격증이 내 발목을 잡을 줄 몰랐다.

아빠는 가족 요양이 아닌 방문요양보호사에게 일주일 5회 3시간, 돌봄을 받을 수 있다. 그런데 처음 온 요양보호사는 중국교포로 억양이 팔순 노인인 우리 아빠, 엄마에게 너무 낯설었고, 경상도 출신인 우리 엄마 아빠의 말투를 요양보호사도 이해하기 어려워했다. 서로 소통하기가 어려워 다른 요양보호사를 요청했다. 두 번째로 온 요양보호사는 체력이 약한 분이었다. 팔순 노인인 엄마까지 있어 불편해서 못 하겠다고 본인이 먼저 통보했다. 요양보호사들은 친정아빠와 같은 노인들의 발달단계나 특성에 대한 전문 지식이 부족한 경우가 대다수다. 이런 상황이라 아빠는 낯선 사람이 집에 오는 것도 불편하고, 엄마와 나 외에 다른 여성에게 자신의 돌봄을 내주기 싫으신 것이다. 아빠의 돌봄은 '효도'라는 허울 좋은 족쇄로 나를 가두어 놓고 있다.

2022년에 상영한 영화 「말임 씨를 부탁해」는 고령의 부모 부양에서 오는 자식의 책임과 부담, 그리고 고령 부모의 자식을 향한 마음을 그린 영화이다. 자식을 대신해 부모를 돌보는 요양보호사, 요양보호사의 돌봄을 거부하는 부모, 그렇게라도 효의 도리를 다하고 싶은 자식들의 이야기. 아니, 나의 이야기다.

대구에서 반려견과 혼자 사는 할머니 말임 씨. 영화는 말임 씨가 서울에 사는 외아들 종욱이 집에 온다는 전화에 투박하게 본인 할 말만 하고 끊으며 시작된다. 아들이 온다는 말에 힘든 몸을 이끌고 장도 보고 찌개도 끓이고 계단 청소도 한다. 미용실 수건을 들고 옥상에서 내려오다 발을 헛디뎌 다쳐 요양보험을 신청한다.

요양보호사 미선은 CCTV가 있어도 어머니의 옷과 통장까지 훔쳐 간다. 하지만 어머니 말임 씨를 지켜주는 이는 아들이 아니라 요양보호사 미선이다. 치매에 걸린 노모를 요양보호사에게 맡기고 외국 지사로 떠난 자식이 진짜 가족인지, 혈연으로 맺어진 관계는 아니지만, 끝까지 할머니 곁에 남아 있는 사람이 가족인지 생각하게 한다.

시대의 흐름과 함께 가족문화 내에서 돌봄은 지금의 모습과 다르게 변할 것이다. 부모를 돌보는 일이 더 이상 자식이나 배우자만의 책임이 아니라 국가와 돌봄 전문가가 함께하는 시대가 올 것이다. 「말임 씨를 부탁해」는 앞으로 우리 주변에서 흔히 볼 수 있는 일상이 될 것이다.

'효녀 심청'은 동화책 이야기

몇 해 전, 아빠가 돌아가시고 외로움에 힘들어하는 친정엄마 때문에 걱정하는 A의 이야기이다. 아빠가 떠난 후에야 아빠의 빈자리가 얼마나 소중했는지, 친정엄마뿐 아니라 본인도 절실히 느끼며 하루하루를 보내고 있다고 한다.

휴대폰에 엄마의 전화번호가 뜨면 가슴이 덜컹 내려앉는다고 한다. 병원에 가도 특별한 병명이 없단다. 그런데도 하루가 멀다고 매일 전화해 소화도 안 되고, 아프다고, 잠도 못 잔다는 친정엄마의 하소연으로 A의 일상은 엉망진

창이 되어가고 있다. 일주일에 한 번씩 삼 남매가 돌아가
며 어머니 댁에 찾아뵙기로 했지만, 힘든 것은 마찬가지라
고 했다. 불효자는 되기 싫고, 부양의 책임은 피하고 싶은
복잡한 마음일 것이다.

　'혼자 계시는 엄마를 어째야 하나. 고2 딸 입시 준비와
중2병에 걸린 아들도 챙겨야 하는데….'
　A는 부모 말고도 돌봐줄 자식이 둘이나 있다. 아직 학생
이라 부모의 신체적, 정서적, 경제적 돌봄이 필요한 때이
다. 그러기에 생계형 직장에 오늘도 출근한다. 자식들 키우
랴, 자기 자신을 돌아볼 틈도 없는 A에게 혼자인 친정엄마
는 어느 순간 무거운 짐처럼 부담스러운 존재가 되었다.
부모를 부양한다는 것은 아무나 하는 것이 아니다. 부모
돌봄이 당연했던 옛날에도 부모 부양이 얼마나 힘들면 효
자문을 만들어 주었겠는가? '효녀 심청'은 동화책 속에만
존재한다.

　우리 세대는 자식들의 부양을 기대하지 않는다. 그렇다
고 남편 없는 노후, 혼자 남겨질 나의 노후를 상상해 본 적

도 없다. 좋은 요양원이라도 미리 찾아봐야 하나? 경제적
인 노후를 준비해야 하나? 나의 노후는 얼마나 준비됐을
까? 갑자기 마음이 바쁘기 시작했다.

[WEB발신]	[WEB발신]
카드(37)승인	**카드(3**7)승인
백**15,000원	백**320,000원
(일시불) 00/00	(일시불) 00/00
17:20 **벅스	17:40 **학원

　휴대폰 알람이 연신 울린다. 자식들은 내 카드가 본인 카
드인 양 학원비와 밥값을 결제하고 있다. 너무나 당연하
게! 나의 노후를 과연 준비할 수 있을까?

하루 한 시간, 가족 요양보호사가 되다

도어락 비밀번호 소리만으로도 아빠는 나인 줄 안다. 너무나 행복한 얼굴로 나를 맞이한다. 자신의 말동무, 맛난 간식이 심심한 일상에 활력을 주기 때문이다. 아빠는 엄마와 나 외의 어떤 누구에게도 자신의 돌봄을 맡길 생각이 없다. 그래도 아빠에게는 엄마가 계시고 엄마에겐 아빠가 계신 덕분에 서로 돌봄이 가능해서 감사하다. 두 분이 서로를 의지해 긴긴밤을 보낼 수 있으니, 나도 부모님 두 분이 건강하게 살아계시는 동안은 꿀잠을 잘 수 있을 것이다. 매일 아침 8시 변함없이 울리는 휴대폰 벨소리로 부모님의 안녕을 알 수 있다.

나는 아빠의 가족 요양보호사로 하루 한 시간 돌봄을 하고 있다. 공단에서 지원하는 재가시설 요양보호사분이 지정될 때까지만 하려고 했는데, 잠깐 돌봄을 해준다는 것이 나의 직업 아닌 직업이 되어버렸다. 이 한 시간을 위해 개인적 일을 못 한다거나 나의 하루를 다 쏟아부어야 할지 몰랐다. 아마 부모님도 몰랐을 것이다. 그렇다고 특별한 일을 하는 것도 아니다. 표도 안 나는 일인 것이다.

한 시간 돌봄은 엄마, 아빠에게 큰 도움이 되지 않을 수도 있다. 한 시간이면 아빠와 산책을 하기도 하고, 치매센터에서 받아온 그림에 색칠하기도 한다. 주로 아빠 이야기를 들어주는데, 어제 했던 이야기를 토씨 하나 안 틀리고 새로운 이야기 하듯 한다. 그동안 엄마는 잠깐 복지관에 다녀오실 때도 있지만, 거의 집에 계신다. 부모님은 나를 매일 볼 수 있어 좋고, 아빠를 모시고 병원에 다녀오거나 은행 볼 일 같은 잔잔한 일을 할 수 있어 감사하다고 한다. 하지만 아빠는 가끔 진심 어린 농담으로 나의 마음을 후빈다.

"유세 떤다."

"엄마가 해주는 밥만 먹고 가면서."

"생색도 유난하다."

아빠는 아빠의 요양보호사로서 나의 수고로움을 당연하게 생각한다. 자식이라는 이유로 짊어지기에는 돌봄의 무게가 힘겨울 때가 있다. 나도 아빠가 좋아하든 싫어하든, 방문요양보호사에게 아빠를 맡기고 부모로부터 자유로워지고 싶다. 조만간 나는 아빠의 요양보호사가 아니라 나의 본연의 직업을 찾아 떠나겠지만, 아빠를 늙으신 엄마에게만 떠맡기는 그 발걸음 또한 쉽지 않을 것이다.

엄마는 돌봄 제공자일까? 돌봄 대상자일까?

정부에서는 고령화 문제에 관심을 가지고 대안을 제시하고 있다. 하지만 그것만으로는 돌봄의 갈증이 해소되지 않는다. 돌봄이 필요한 노인 인구수는 증가하고 부모 세대는 전통적 돌봄 역할만을 고집하고 있기 때문이다. 누군가는 가족 돌봄을 위해 자신의 꿈을 포기해야 한다. 돌봄의 대가는 너무 혹독하다.

우리 엄마는 1943년생이다. 팔순을 이제 막 넘으신 엄마는 남편을 돌보며 정작 본인의 돌봄을 포기했다. 내가 오

전 11시쯤 도착하면 엄마는 이미 아빠의 아침 준비, 설거지, 방 청소, 어떤 날엔 아빠 목욕까지 끝마친 후다. 아빠 목욕을 끝낸 엄마는 점심을 준비하시고, 아빠는 목욕해서 피곤하다며 방에서 쉬고 있는 모습을 볼 때면, 너무나 당연하게 엄마의 돌봄을 받는 아빠가 미워지고 그런 엄마의 모습에 나도 모르게 화가 난다. 오빠가 목욕탕에 갈 때 아빠를 같이 보내라 해도, 아들 힘드니까 "그냥 놔두라"는 엄마. 엄마는 평생을 그렇게 살아왔다.

신체적, 정서적, 정신적으로 건강한 사람이 돌봄을 제공할 수 있다. 그렇다면 과연 팔순이 넘은 엄마는 돌봄 제공자일까? 돌봄 대상자일까? 엄마는 국가에서 정하는 돌봄 대상자 선정에서 탈락했다. 공단에서는 엄마가 취약 계층이 아니고, 인지기능 신체적 기능이 모두 정상이기 때문에 돌봄 대상자에 해당되지 않는다고 통보했다. 이 얼마나 말이 안 되는 소리인가? 점점 나이가 들어가고 건강도 예전 같지 않은 팔순이 넘은 엄마는 내가 없는 시간 내내 장기요양 3등급 남편을 돌본다. 비상시 대처 방안을 당부에 또 당부하고 집으로 돌아올 때마다, 아빠에게 일어날지 모를 응급상황을 엄마가 감당할 수 있을지 마음을 놓을 수 없다.

　양성평등 시대에 같은 여성으로 함께 살고 있지만, 엄마의 정서는 아직 1970년대에 머물고 있다. 엄마는 아직도 전통적인 가족이라는 굴레 속에서 동반자로서의 아내가 아닌 권위적인 수직관계의 순종하는 아내로 외롭고 힘든 돌봄을 묵묵히 하고 있다. 엄마의 모습을 보며 나의 노후를 생각한다. 나는 계속 부모님을 돌볼 수 있을까. 나는 남편을, 자식은 우리를 돌볼 수 있을까. 우리는 가족의 희생을 담보로 한 돌봄의 굴레를 벗어날 수 있을까.

아빠의 가족 돌봄을 인정하기 힘든 이유

햇살 좋은 오후, 아빠와 산책 중 놀이터에서 근처 유치원 아이들과 선생님이 바깥 놀이하는 모습을 보았다. 6~7세 정도의 아이들이 소리 지르며 뛰어다니는 모습이 가을하늘의 쨍한 날씨와 어우러져 보기 좋다. 우린 잠깐 놀이터 벤치에 앉아 아이들 노는 모습을 본다. 아빤 아이들 노는 모습을 보더니 날 물끄러미 쳐다보며 무심하게 한마디 한다.

"우리 미경이도 저렇게 조그마한 아이였는데, 어느새 중년 아줌마가 되었네."

아빠 무슨 생각을 하는 걸까? 아빠 저 아이들 모습에서
본인의 유년기도 떠올렸을까? 나의 아빠도 저렇게 조그마
한 아이였을 때가 있었을 것이고, 멋진 청년기도 있었을
것이다. 내 기억 속 아빠는 아침 일찍 회사에 갔고, 저녁에
지친 얼굴로 집으로 돌아왔다. 토요일도 출근했다. 어떤 날
은 일요일도 반납했다. 추억이라기보다는 기억 속의 존재
로만 남아 있다. 아빠도 우리 삼 남매와 가정을 위해서 자
신의 젊음을 포기하고 치열하게 앞만 보고 살았을 텐데.

나는 왜 그런 아빠의 가족을 위한 돌봄을 인정하기 힘들
까? 아빠의 엄격한 규칙, 절대적 권력에 항상 엄마와 우리
삼 남매는 아빠 눈치를 보았다. 아빠가 쉬는 날이면 동생
과 나는 집에서 놀지도 못했다. 항상 엄마는 아빠 주무시
니 조용히 하라고 하셨고, 맛있는 반찬은 아빠 밥상에만
있었다. 아빠가 남긴 것을 먹었던 기억도 있다. 엄마는 제
대로 된 밥상 한번 받아보지 못했다.

아빠는 가족의 생계를 책임졌고, 엄마는 집안일과 우리
삼 남매 양육, 시어머니의 돌봄을 책임졌다. 그래도 아빠는

노동의 대가로 가정 안에서 우월한 지위와 사회에서 돈과 명예가 뒤따라오지 않았는가? 그러나 엄마는 가족을 위해 자신의 꿈과 목표를 포기하고 화병만 남았다. 똑같이 가족을 돌봤는데 누구에게는 권력이 남고, 누구에게는 화병만 남은 것이 자식으로서 괜히 죄스러워 그 원망이 아빠에게 돌아갔다. 나는 추억은 없고 기억만 존재하는 아빠의 가족 돌봄을 인정하고 싶지 않았나 보다.

가족을 위해 희생하는 여성들
– 다시 꺼내든 『82년생 김지영』

"나도 선생님 되고 싶었는데."

조남주 작가의 『82년생 김지영』에 등장하는 김지영의 어머니 오미숙의 한마디는 '잃어버린 내 청춘을 돌려줘'라고 울부짖는 것 같다.

"진짜야. 국민학교 때는 오 남매 중에서 엄마가 제일 공부 잘했다. 큰외삼촌보다 더 잘했어."

"근데 왜 선생님 안 했어?"

"돈 벌어서 오빠들 학교 보내야 했으니까. 다 그랬어. 그
때 여자들은 다 그러고 살았어."

"그럼. 선생님 지금 하면 되잖아."

"지금은, 돈 벌어서 너희들 학교 보내야 하니까. 다 그래.
요즘 애 엄마들은 다 이러고 살아."

－『82년생 김지영』 중에서(p36)

가족을 돌보기 위해 자신의 꿈을 포기한 '82년생 김지영'
도 그녀의 엄마도 가슴에 응어리가 있다. 소설 속 이야기
는 과거 우리 엄마들만의 이야기일까? 지금의 가사와 돌봄
은 달라졌을까? 얼마나 달라졌을까?

2021년 양성평등 실태 조사 결과, 부부간 가사 돌봄 분
담에 대해 전체 68.9%가 '전적으로 또는 주로 아내가 한
다'라고 응답했다. 가사와 돌봄 부담은 여전히 여성에게 쏠
려 있다. 시대의 변화에 따라 다양한 가족이 등장하면서
다양한 형태의 돌봄 노동자가 필요하지만, 아직도 우리나
라는 여성들이 그 역할의 책임을 안고 살아간다.

둘째 아이가 초등학교 5학년일 때, 열 감기로 담임 선생님에게 전화가 걸려 왔다. 그날 난 아이를 학교에 보내지 말아야 했다. 아이 열을 재보니 37도가 넘어갔지만, 해열제만 먹이고 학교로 보냈다. 어린이집 재롱잔치 행사로 정신없이 바빴고, 내 아이까지 챙길 여력이 없었다. 그렇게 학교에 간 아이가 고열에 힘들어한다는 담임 선생님의 전화를 받고, 집에 돌아온 아이가 혼자 병원에 다녀왔다고 전화를 받았지만, 집에 돌아갈 수 없었다. 그때 딸아이는 고작 초등학교 5학년이었다. 내 몸은 어린이집에 있었지만 일이 손에 잡히질 않았고, 중요한 시기라 자릴 비울 수도 없는 상황이었다. 남편에게 전화할 생각은 하지 못했다. 나뿐 아니라 누구도 남편에게는 전화하질 않았다. 당연히 내가 감당해야 할 일이라고 생각했다. 최대한 정리를 하고 집에 허둥지둥 돌아오니 오후 4시가 조금 넘었다. 혼자서 얼마나 울었는지 퉁퉁 부은 눈으로 원망의 눈으로 날 쳐다보던 아이의 눈을 아직도 잊을 수 없다.

열이 떨어지지 않아 결국 그날 저녁 응급실을 다녀왔다. 남의 아이들 돌보느라 정작 내 아이들을 외롭게 했다. 이런 일이 한두 번이 아니었다. 하지만 늘 아이에 대한 죄책

감은 나만의 몫이다. 아이들도 나에게만 원망의 눈길을 보낸다. 응급실까지 다녀왔다는 소리에 남편은 내가 느낀 자식에 대한 죄책감, 미안함, 나의 수고로움 대신 어린이집을 그만두면 어떨지에 대하여 이야기했다.

"더 힘든 시기도 잘 참고 지나왔는데…."

그날 내 아이가 나를 원망하고 울었던 것처럼, 나도 누군가를 원망하면서 한참을 울었다.

앞으로 돌봄은 여성에게 떠맡겨진 돌봄이 아니라, 다 같이 나눌 수 있는 돌봄이길 바란다. 상대를 돌보느라 자신을 포기하고 지친 가슴에 응어리가 맺혀 생긴 마음의 병에 힘들어하지 않길 바란다.

엄마도 늙어가고 나도 늙어가고

의료 기술이 발달하면서 기대 수명은 100세까지 늘어났지만, 그중 약 20년은 병마와 함께 살아가야 하는 시대가 됐다. 나의 부모가 100세면 나는 70대 중반이다. 나도 나의 건강에 자신이 없을 나이다. 나와 부모가 같이 늙어가는 현실에서 누가 누구를 돌볼 수 있을까?

아빠가 동네 친구분들과 점심 식사 약속이 있다고 해서 식당에 모셔다드리고 나는 집으로 돌아왔다. 1시간 후 아빠가 혼자 집에 왔다. 피곤한지 방으로 들어가 한참을 주무셨다. 따뜻한 물 한 잔 달라더니 식사 모임 친구 중 한 분이 요양원에 갔다는 이야기를 전해주셨다. 혼자 사는 노인인데 몸이 불편하니 본인 의사와 상관없이 자식들이 요양원에 보냈다고 한다. 아빠는 친구가 죽으러 갔다며 넋두리를 늘어놓으셨다.

"귀하게 금이야 옥이야 자식 키워 났더니 요양원에 부모를 버렸다. 자식이 성공하면 뭐 하냐. 의사면 뭐하고 대기업 다니면 뭐 하냐. 아무 쓸데 없다. 미경아, 나는 내가 사는 이 집에서 노후를 마무리하고 싶다. 너 없어도 된다. 나는 네 엄마만 있으면 된다. 걱정하지 마라."

참, 철없는 우리 아빠. 젊은 시절 고생만 시킨 아빠가 미울 법한데, 엄마는 "아빠가 있어 감사하고, 미경이가 매일 와서 감사하다"며 나에게 멋쩍은 미소를 보인다. 엄마의 미소와 눈길은 안쓰럽고 초라했다. 언제 이렇게 늙었나. 너무나 젊고 예뻤던 우리 엄마는 어디로 가고 어려운 시절 힘겹게 살아온 늙은 할머니가 내 앞에 있다.

난 이렇게 늙고 힘없는 엄마에게 철없는 아빠를 책임지게 하고 도망갈 궁리만 하고 있다. 아빠 옆에 엄마가 없으면 나 또한 아빠 친구 자식처럼 부모를 요양원에 버리는 자식이 될 수도 있다. 그런 죄의식으로 평생을 살고 싶지 않다. 지금처럼 아빠 곁에 엄마가 계시고, 엄마 곁에 아빠가 좀 더 오래 계셨으면 좋겠다. 이기적이고 불효막심하다 해도 어쩔 수 없다. 중년이 된 나는 여전히 엄마, 아빠의 어린 딸로 부모님을 의지하며 살고 싶다.

딸이자 누군가의 아내, 며느리라는 것

어릴 적 우리 집 살림은 넉넉하지 않았다. 1970년생인 나의 어린 시절엔 모두 다 그렇게 힘든 시절을 보냈다. 거의 밥 한 끼와 맞먹는 아이스 아메리카노를 마셔야 하는 요즘 세대들은 상상도 못 할 그런 시절이었다. 엄마가 시장에서 사과 한 짝을 사 왔다. 거의 썩은 사과였지만 그나마 상태 좋은 것은 아빠 몫으로 챙겨 찬장 높은 곳에 두고, 썩은 사과를 깎아 자식들을 주고, 엄마는 사과 씨 줄기 부분을 먹었다. 그땐 우리도 그것이 당연한 줄 알았다. 엄마는 항상 아빠와 우리 삼 남매가 먹다 남은 것을 먹는 게 당연하다고 생각했다.

　형편이 좋아지고 엄마도 이제 자기 삶을 살아보려나 하는데, 큰아버지가 돌아가시며 엄마는 할머니를 모시게 됐다. 할머니 병시중을 일 년 넘게 했는데, 그때 우리 엄마 나이는 40대 중반이었다. 지금의 내 나이보다도 10살이나 어린 나이였다. 사십 조금 넘은 엄마가 감당하기엔 너무 힘들었을 것이다. 자기 삶을 포기한 채 피 한 방울 섞이지 않은 시어머니 병간호를 며느리 혼자 감당했다. 아빠는 항상 그 자리에 없었다. 20대였던 나 역시 당연히 엄마의 몫인 줄 알았다.

　세월이 흘러 이제 나도 50대 중반의 맏며느리가 되었다. 그렇지만 맏며느리 역할을 못 한다. 혼자 사는 시어머니는 나에게 돌봄을 받을 수 있을까? 남편은 나에게 자신의 엄마를 모시자고 할까? 친정엄마처럼 시어머니의 병시중을 할 수 있을까? 중년인 나는 자신이 없다. 아마도 그런 상황이면 요양원을 알아보지 않을까? 남편도 시어머니도 나에게 큰 기대 하지 않는다.

나는 엄마의 딸이고, 엄마처럼 누군가의 아내고 며느리다. 하지만 친정엄마와 같은 '며느리'로, '아내'로 살 자신은 없다. 그리고 나의 자식에게도 기대하지 않는다. 지금 내 마음은 그렇지만 내가 80이 되었을 땐, 그땐 어떨지 모르겠다. 우린 이렇게 닮았지만, 다른 인생을 살아가고 있다.

요양시설은 천국 가는 곳?
살러 가는 곳?

요양시설, 요양병원의 이미지는 창살 없는 감옥, 지팡이 짚고 들어가는 '세상의 마지막 종착역'이라는 부정적 편견이 있다. 그래서 나의 부모님들은 요양시설을 '천국 가는 곳'이라며 두려워한다.

EBS 「지식채널e」에서 방영된 이야기이다. 일본에서도 요양시설에 들어가면 기저귀를 차거나, 일부는 신체 억제대에 결박당하기도 하고 진정제 효과의 약물을 투여받을 것이라는 부정적인 이미지가 강했다고 한다. 그런데 간호사 다나카 토모에 씨가 시작한 요양원의 모든 끈을 없애는 운동으로 인식의 변화가 일어나기 시작했다. 그녀의 노력으로 후쿠오카현 10개 요양병원이 모여 노인의 삶도 인간다워야 한다는 취지의 '신체 억제 폐지 후쿠오카 선언'을 했다. 1998년 '신체 억제 폐지 후쿠오카 선언' 발표 이후, 요양원에서 안전을 위해 어쩔 수 없는 사용하던 '신체 억제대'가 사라지고, 일본의 개호보험이 크게 달라졌다. 요양시설이 살아있는 지옥에서 노인들의 새로운 삶의 터전으로 바뀐 것이다.

2011년 한국에서도 '신체구속 폐지선언'이 발표됐다. 욕창, 신체구속, 낙상, 냄새가 없는 4무(無), 기저귀 사용에서 벗어나고, 침대에 머무는 시간을 줄이는 2탈(脫)이 그 내용이다. 그러나 노인 요양시설 운영 실태 조사(국가인권위원회 2022)에 따르면, 국내 노인 요양시설에서 노인에게 신체 억제대가 활용되는 비율은 12.4%다. 우리나라 요양시설, 요양병원에서 노인의 안전을 이유로 사용하는 신경 안정제, 신체 억제대에서 노인을 해방해야 한다. 그래야 요양원, 요양병원이 죽으러 가는 곳이 아니라 더 좋은 환경으로 살러

가는 곳이라고 부모님들의 인식이 바뀌지 않을까? 노인의
안전과 존엄성을 함께 인정해 주는 세상. 그런 세상이 우
리가 바라는 세상이 아닐까?

　일본에는 개호보험이 있다. 노인 시설 입소나 방문 서비
스뿐만 아니라 고령자 집수리까지 지원한다. 문턱을 없애
거나 휠체어가 들어갈 수 있도록 화장실을 보수할 수 있으
며, 그 보수비용은 국가가 지원한다. 고령자 스스로가 생활
할 수 있도록 생활 공간을 지원해 주는 것이다. 일본에는
빈집을 개조한 공동체 아파트도 있다. 공동체 아파트는 노
인들만 사는 것이 아니라 젊은 세대들도 함께 살아간다.
유치원에 다니는 어린아이들도 있다. 이처럼 일본은 노인
이 스스로 돌보고 공동생활을 할 수 있는 방법을 찾고 있
다. 젊은 세대와 함께하는 새로운 공동체라는 일본의 선례
는 우리나라에서도 중요한 해법이 될 것이다.

우리는 누구나 노인이 된다

친정 가는 길의 조경은 너무나 예쁘다. 그 길은 걸어서 가는 것만으로도 힐링 그 자체이다. 여름엔 뜨거운 햇빛을 충분히 가려주기도 하고, 초가을엔 예쁜 나뭇잎이 내 눈을 호강시켜 준다. 거리의 꽃들이 보이고 예뻐 보이면 늙어가는 증상이라는데…. 세상살이가 바빠 보이지 않던 자연의 풍경에 감사하게 된 것을 보니 나도 어느새 중년이 되어가고 있구나! 그래서 그런지 요즘 내 눈엔 길가에 핀 꽃뿐만 아니라 가을하늘도 내 눈을 사로잡는다.

내 눈길을 사로잡는 가을 풍경 속에 노인 서너 분이 모여 이야기 나누는 모습, 혼자 멍하니 오가는 사람들을 구경하는 노인의 모습도 보인다. 햇볕 좋은 햇살 속에 가을의 꽃향기가 저 노인분들의 향내인지, 들꽃의 향기인지 구분하기 힘들다. 진하고 성숙한 향기를 풍기는 들꽃들 속에서 엄마와 아빠도 나를 보며 살랑살랑 손을 흔든다. 단풍나무 밑에서 나를 보며 웃는다.

'저분들도 한때는 예쁜 꽃이었겠네…'

젊은 시절만 있을 줄 알았던 나도 중년에 들어섰고, 곧 노인이 된다. 젊은 세대들도 나처럼 어느새 중년이 되고 노년이 될 것이다. '늙음'은 누구도 거스를 수 없는 자연의 섭리이다. 우리의 늙음이 재난이 되지 않도록 배우자와 서로 돌봄을 주고받고, 노인이 스스로 돌볼 수 있기를 바란다.

언젠가 우리는 부모의 향내를 그리워할 날이 올 것이다. 그 향내가 향기로운 향내를 가졌는지 피하고 싶은 향기를 가졌는지는 장담 못 하겠지만, 그 향기는 그 나름대로 의

미가 있을 것이다. 우리 눈길을 사로잡는 예쁜 꽃뿐 아니라 길에 아무렇게나 핀 들꽃조차 초라하게 시들지 않기를 바란다.

혼자 병원 가기도 힘든 노인들

친정아빠의 정기검진으로 병원에 갔는데, 병원에서 작은 소동이 일어났다. 팔십 정도 되어 보이는 노부부가 1시간 정도 기다리다 자신은 왜 안 부르냐고 화를 내셨다. 알고 보니 진료 접수도 안 하고 마냥 대기만 하고 있었던 것이다.

"내 이름은 왜 안 부릅니까?"

"진료 접수는 하셨나요?"

"아들이 예약했소."

"진료 접수부터 하셔야 해요."

"진료 접수는 뭐냐. 내 아들이 병원에 예약했다니까."

어르신은 간호사의 이야기는 듣지 않고 본인 이야기만 했다. 언쟁은 한참 만에야 진정이 되었다. 이 모습을 본 엄마, 아빠는 "병원에 같이 와준 딸이 있음에 감사하네. 요즘 세상은 아들보다 딸이 최고네. 저 양반은 딸이 없나 보네. 자식들은 뭐 하는데 노인네 둘만 병원에 보냈냐"며 씁쓸해 한다. 가족이 없나? 자식이 없나? 사연은 있겠지. 자식이 없을 수도 있고, 멀리 떨어져 살 수도 있다. 아니면 연차를 쓸 수 없는 상황이었을 수도 있다. 혼자 소설을 썼다 지웠다 하며 집으로 돌아왔다.

그래도 그 노인들은 부부가 함께여서 서로 의존하고 병원에 오갈 수 있으니 그나마 다행이다. 요즘은 보호자 없이 혼자 병원에 오시는 노인의 모습도 종종 볼 수 있다. 동네병원은 몰라도 대형 병원은 노인 혼자 감당하기엔 병원 절차가 복잡하긴 하다. 나도 병원 접수절차가 버거울 때가 있다. 도와주는 직원분이 있지만 내 차례까지 기다릴 수 없어 키오스크 기계 앞에서 돋보기를 쓰고 씨름한다. 어쩌다 오는 대형 병원의 수납과 접수, 그리고 병동을 찾아가는 것도 할 때마다 헷갈린다. 나도 이런데 팔십 노인들은 오죽하겠나. 지자체마다 병원 동행 서비스가 있기는 하지만, 수요에 비해 공급이 적기도 하고 그런 복지 서비스가 있는지조차 모르는 사람들도 있다.

기본적인 생계를 위한 소득을 이유로 모든 혜택 대상에서 제외하는 것은 노인을 힘들게 하는 요인이다. 다양한 계층이 자신에게 맞는 개별적 혜택을 지원받을 수 있어야 할 것이다.

독일에는 고령자 스스로 자립할 수 있는 정책이 있다. 독일의 노인들은 병에 걸리면 치료는 의료보험으로, 간병이나 요양은 수발보험의 혜택을 받는다. 매월 의료보험과 수발보험을 내면 치료와 요양, 교통비, 보호자로 온 배우자까지 혜택을 받을 수 있다. 자기 집에서 간병 서비스를 받을 수 있고. 간병 비용은 수발보험에서 지급되기 때문에 노인 본인이 부담하는 금액은 거의 없다. 우리나라의 요양사와 같은 역할을 하는 수발사는 노인들과 산책하거나 마트에 가는 등 공동체 생활을 할 수 있도록 돕는다.

국가는 다양한 노인 복지 서비스를 확대하고 홍보해 꼭 필요한 사람들이 몰라서 불이익을 당하지 않게 해야 한다. 서비스 대상 지원 범위가 확대되어 취약한 노후에 고립되지 않고 안전하게 늙어갈 수 있는 세상이 되길 바란다.

우리의 노후는 '맑음'이길

나는 어린이집 운영을 접고, 몇 년 후 '아빠 돌봄'을 시작했다. 아빠의 가족 요양보호사로 돌봄을 하면서 새삼 깨닫게 된 것이 있다. 가족 안에서도 부모-자식, 남-녀 돌봄 관계가 존재한다는 것이다. 시대가 변하며 돌봄에서 성적 지위와 역할이 달라졌다고 하지만, 아직도 돌봄에서 여성 역할의 비중이 높다. 그 역할은 낭연하고, 인정도 없고, 보상도 없다.

세상엔 필요 없는 존재는 없다. 사람 한 명 한 명이 어찌 귀하지 않겠는가? 따뜻한 햇살 아래 졸고 있는 우리 아빠, 하루가 너무 길어 주체를 못 하신다. 젊은 시절엔 너무 바빠 죽을 시간도 없었던 아빠인데, 요즘은 살아 활동하는 시간보다는 주무시는 시간이 더 길다. 그래도 아빠의 삶은 복된 삶이다. 자신을 돌봐주는 아내가 있고, 한 시간 거리 안에 살고 있는 자식과 손자들이 한 달에 한두 번 찾아가 시간을 보내주고 있으니 말이다. 무기력하게 하루를 보내는 아빠가 엄마는 못마땅하겠지만, 아빠가 계셔서 엄마의 노후도 안정되고 행복해 보인다.

큰 부자는 아니지만 자식에게 손 안 벌리는 정도라 다행이다. 부모님은 긴 세월을 살아본 당신에게 항상 인생을 살아가는 데 제일 중요한 것은 '가족'이었다며, 너희들이 꾸린 가정에 최선을 다하라고 말씀하신다. 배우자를 존중하고 자식들에게 함부로 하지 말라고 당부에 또 당부한다. 삶의 마무리는 집에서 가족들과 함께하고 싶다는 것이 아빠의 유언이다. 절대 중환자실로 당신들을 밀어 넣지 말기를 당부하신다.

내 가족이 부유할 수 있고 가난할 수도 있다. 그렇지만 우리는 존재 자체가 '가치'이고, '행복할 권리'가 있다. 삶의 여행을 마무리할 때, 내 곁에서 나를 배웅해 주는 가족이 있다는 것만으로도 나는 행복한 존재다. 부모를 잘 배웅하고 가족 안에서 잘 살다 아름다운 마무리를 하고 싶다. 나의, 우리의 노후가 부디 '맑음'이길 바란다.

노인 장기요양등급 서비스

♥ 신청 절차

신청서 제출: 국민 건강보험공단 지사 또는 홈페이지에서 신청서
다운로드 후 작성 및 제출

방문 조사: 공단 조사원이 신청자 가정을 방문하여 건강 상태와 일
상생활 수행 능력을 평가

의사 소견서 제출: 지정병원에서 의사 소견서를 발급받아 제출

등급판정: 등급판정 위원회에서 조사 결과와 의사 소견서를 바탕
으로 등급 결정

결과 통보: 판정된 등급을 신청자에게 통보하고 장기 요양 인정서
및 표준 장기 이용계획서를 송부

♥ 등급판정 기준

〈자료출처:보건복지부〉

'2024 요양보호사 양성표준교재'

등급	상태	장기요양 인정점수
장기요양 1등급	심신의 기능상태 장애로 일상생활에서 전적으로 다른 사람의 도움이 필요한 자	95점 이상
장기요양 2등급	심신의 기능상태 장애로 일상생활에서 상당 부분다른 사람의 도움이 필요한 자	75점 이상 95점 미만
장기요양 3등급	심신의 기능상태 장애로 일상생활에서 부분적으로 다른 사람의 도움이 필요한 자	60점 이상 75점 미만
장기요양 4등급	심신의 기능상태 장애로 일상생활에서 일정 부분 다른 사람의 도움이 필요한 자	51점 이상 60점 미만
장기요양 5등급	치매환자(노인장기요양보험법 시행령 제2조에 따른 노인성 질병에 해당하는 치매로 한정함)로 도움이 필요한 자	45점 이상 51점 미만
장기요양 인지지원 등급	치매환자(노인장기요양보험법 시행령 제2조에 따른 노인성 질병에 해당하는 치매로 한정함)로 도움이 필요한 자	45점 미만

근거: 『노인 장기요양보험법 시행령』 제7조 (등급판정기준 등)

♥ 제공서비스

1. **방문 요양**: 요양보호사가 가정을 방문하여 신체활동 및 가사 활동을 지원

2. **주야간 보호**: 주간 또는 야간 보호시설에 신체 및 여가 활동 지원

3. **단기 보호**: 일정 기간 요양시설에서 보호 및 요양 서비스 제공

4. **기타 서비스**: 방문 목욕, 방문 간호, 복지 용구 지원

5. **특별헌금 급여**: 장기 요양 인프라가 부족한 가정, 천재지변, 신체, 정신 등 그 밖의 사유로 장기 요양기관이 제공하는 장기요양급여를 이용하기 어렵다고 인정하는 경우 가족요양비 지급

♥ 관리 운영 체계

건강보험 관리운영체계

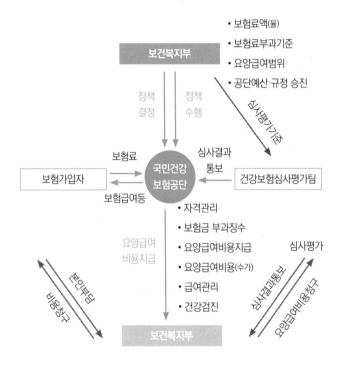

〈자료출처:보건복지부〉

2장

가족의 형태가
변하고 있다

"얼마 전 조카 결혼식 때
딸은 결혼하고 싶지 않다고 이야기했다.
중년들은 졸혼을 고민한다.
결혼은 이제 필수가 아니라 선택이다."

결혼 NO! 싱글 OK?

방송인 김○○은 반려견 한 마리와 동거 중이다. 김○○은 자기 자신과의 결혼식, '솔로가미'를 했다. '솔로가미'는 자기 행복을 추구하기 위해 자신과 결혼하는 '나 홀로 결혼식'이다. 지나치게 청결을 중시해서 친구나 지인을 집으로 초대하는 일이 거의 없는 자칭 우주 대 스타 김○○의 결혼식 발표는 적잖은 충격이었다. 빨간 턱시도를 입고 입장한 신랑 김○○은 신부 또한 자기라며 신부를 소개했다. 방송 패널들은 당황한 기색을 감추지 못했고 방송을 보던 나 역시 당황스러웠다.

'솔로가미'는 약간 과장되긴 했지만, 불가능한 이야기가 아니라는 생각도 들었다. 내가 어릴 적만 해도 강아지는 집을 지키는 동물이었으나, 지금은 자신의 침대도 거뜬히 내어주는 동반자로 바뀌었다. 반려견과 같은 침대에서 아침을 맞이하는 장면을 사람들이 별 거부반응 없이 받아들이듯이 '솔로가미' 또한 어느 순간 자연스럽게 여겨질 것이다. 그리고 앞으로는 더 다양한 결혼과 파트너가 등장할 것이다.

예전에는 결혼을 못 하는 사람은 있었어도 결혼을 안 하는 사람은 거의 찾아보기 힘들었다. 결혼 적령기를 넘긴 사람을 노처녀, 노총각이라는 범주 안에 가둬 놓고 뭔가 모자란 사람으로 구분했던 시절이 있었다. 그러다 여성들이 일터로 나가고 남성들은 가정에 관심을 가지기 시작하면서 사회는 신랑, 신부에게 슈퍼맨, 슈퍼우먼을 넘어 완벽해지기를 요구하고 있다. 이제 젊은 세대들은 자신의 존엄성과 자유를 지키기 위해서 결혼과 출산을 포기하기에 이르렀다. 비혼주의 싱글족은 꾸준히 늘어나고 있다. 젊은 세대뿐만 아니라 중·장년 세대들도 사별, 졸혼, 황혼 이혼 등

여러 가지 이유로 독신으로 살아가는 경우를 종종 볼 수 있다. 방송이나 다양한 매체에서 혼자 사는 모습이 사람들에게 노출되며 싱글에 대한 부정적 편견이 긍정적으로 바뀌고 있다.

결혼을 통한 가족뿐 아니라 다양한 가족이 우리에게 올 것이다. 지금 우리 기성세대는 다양한 결혼 형태를 충분히 인식하고 받아들일 준비가 필요하다.

이혼과 졸혼 사이

팔순이 넘어 서로를 의지하며 살아가는 분도 있지만, 배우자의 사별로 원치 않게 혼자가 된 사람도 있고, 이혼하는 사람도 있다. 요즘은 서류상 이혼은 싫고 각자의 인생을 살자며 서로의 독립을 인정해 주는 졸혼도 생겼다. 졸혼의 아이콘인 배우 백○○은 혼인 상태는 유지하며 졸혼 생활을 즐기고 있다. 「절친 토큐멘터리 4인용 식탁」에서 연예인들이 다양한 싱글라이프를 공개하였다. 배우자와 사별한 중년 여배우, 결혼생활을 유지 중인 사랑꾼 배우, 싱글인 90년대 아이돌 스타 4명의 절친이 식탁에 둘러앉아 결혼과 졸혼에 대한 주제로 토론의 장을 열었다.

"부부는 미우나 고우나 같이 살아야 해."

졸혼을 반대하는 상대 여배우에게 백OO은 솔직한 심정
을 말했다.

"나와 아내는 서로 다른 길을 걸었던 것 같다. 반려견과
사는 지금이 행복해."

난 부모 세대 결혼을 여자들의 희생을 요구하는 제도로
인식하고 있었다. 여자들은 인격적으로 존중받지도 못하
면서 부당한 역할을 해냈다. 그래서 졸혼은 결혼생활에 불
만이 많은 아내가 요구하는 줄 알았다. 그런데 결혼생활은
아내만 답답한 게 아니었다. 남편들도 결혼생활이 쉽지는
않았나 보다. 결혼은 책임감만으로 지켜내는 것이 아니다.
서로 간의 신뢰가 있어야 하고, 그 밑바탕엔 사랑과 서로
를 존중하는 마음이 깔려있어야 한다. 신뢰와 존중을 받지
못한 결혼생활은 결국엔 졸혼이나 이혼이라는 결과로 이

어진다. 그렇게 결혼생활이 만족스럽지 않은 사람이 자기 행복을 찾아 떠나는 거였다.

결혼생활을 졸업해서 혼자 살아가는 백OO 배우는 매일 매일 행복할까? 그렇다고 아직까진 큰 불만 없이 결혼생활 하는 나는 매일 행복한가? 인생의 마지막을, 자신을 위해 살아보는 것은 어떤 삶일까? 그래도 혼자보단 둘이 나을 까? 사람마다 개인사에 따라 다르겠지만, 정답은 없다.

비혼주의를 선언하는 아이들

친정 오빠의 첫딸이 결혼했다. 조카 결혼식 덕분에 오랜만에 친척 모임이 열렸다. 서로의 안부를 물어보고, "미경이네도 아들 장가보내야겠네"라며 안부를 핑계 삼은 참견이 오고 간다. '이제 막 졸업한 아들인데…' 아들은 물색없이 시종일관 싱글벙글한다. 아들과 다르게 독립적인 딸은 "엄마, 나는 결혼하지 않고 혼자 살 거야. 결혼은 기대도 하지 마. 강아지랑 살 거야. 그리고 대학교 졸업하고 취직하면 독립할 거야. 오피스텔 하나만 준비해 줘"라며 숨도 안 쉬고 선전포고한다. 누가 보면 내가 딸에게 빚진 모양새다.

뭐가 저리 당당할까?

"엄마, 나는 비혼주의야. 비혼으로 자유롭게 멋지게 살 거야."

들도 보도 못한 '비혼주의'는 또 뭐야? '미혼'도 아니고 '독신'도 아닌 '비혼'. 참! 말도 잘 만들어 낸다. 나는 딸이 결혼 안 하고 비혼으로 산다는 말에 어이가 없다. 어린 나이에 뭘 안다고 '비혼주의'라는 말을 할까? '아니 왜?' 아무리 생각해도 나의 답은 '아니 왜?'이다.

비혼주의를 선포하고 며칠이 지났을까? 딸이 "엄마는 젊은 사람들 공부를 많이 해야 할 것 같다"라며 나에게 책 한 권을 던져줬다. 팟캐스트 「비혼세」의 진행자 곽민지 작가의 에세이 『아니 요즘 세상에 누가』이다. '팟캐스트'는 또 뭐야? '팟캐스트'는 스마트폰으로 듣는 라디오라고 생각하면 될 것 같다. 참, 내가 모르는 별세상이구나.

결혼을 택하지 않은 사람이 혼자서도 너무 잘 놀고 잘 살아가는, 독립적인 개인들의 이야기가 가득한 책이었다. '비혼'에 대한 부정적 이미지 편견을 깨부수는 이야기를 다룬 『아니 요즘 세상에 누가』에서는 자신의 생활 방식을 누군가에게 방해받기 싫은 젊은 세대의 가치관을 엿볼 수 있다. '사랑하면 결혼하고, 결혼할 나이가 되었으니 결혼해야한다'는 식의 구시대적인 발상에 반론을 들었다.

배우자나 자녀가 곁에 없는 사람도, 결혼에 관심이 없는 비혼주의도, 돌봄을 받을 권리를 보장받아야 한다. 지금 우리는 수직적, 일방적 돌봄이 아닌 평등하고 다양한 돌봄을 원하고 있다. 자신에게 필요한 돌봄을 받기 위해 불이익을 피하려고, 가족과 파트너를 반강제로 선택하는 일은 없어야 한다. 국민은 자기 행복을 위해서 자유롭게 의사를 결정할 수 있고, 국가는 국민의 행복을 책임져 주어야 한다.

내 아이에게 결혼이란 무엇일까?

연애 7년, 결혼 5년 차 아들에게 결혼생활을 정리하겠다고 통보받은 부모의 마음은 어떨까? 그런 결정을 내린 자식도 쉽지 않았겠지만, 갑작스러운 소식에 부모는 하늘이 무너졌을 것이다. 아들의 생각이 너무 완강해서 이 위기를 어떻게 대처해야 할지 고민인 B 씨의 이야기다. 별문제 없이 잘살아서 걱정하지 않던 자식이라 충격이 더 컸다고 한다.

내가 보기에는 결혼생활을 유지하기 위해 B 씨의 아들이 많이 참은 것 같았다. 그도 그럴 것이 공직에 계신 아버지,

교직에 계신 어머니 아래에서 자라 타인의 시선, 책임감의 무게가 버거웠을 수 있다. 그러다 꾹꾹 눌렸던 인내심이 폭발해 버린 거다. 아들만 일방적으로 참았던 건 아니었을 거다. 며느리도 힘든 부분이 있었으리라 생각된다. 맞벌이 부부는 결혼생활에 지쳤을 것이다. 남편과 아내가 되어 한 집안을 책임진다는 것이 그리 호락호락하지 않음을 깨닫는 어느 순간 가정은 쉼터가 아닌 또 하나의 일터가 되어 버린 것이다. 서로의 감정을 배려하고 살피는 감정노동을 해야 하는 그런 일터 같은 집. 일터를 벗어나 우린 또 다른 일터를 향해 가는 꼴이 되어 버린 것이다. 힘들고 지칠 때 무조건 자신을 응원해 주고 지지해 주던 엄마, 아빠가 아닌 아내와 남편만 있는 집으로 향하는 발걸음이 가볍지만은 않았을 것이다.

우리는 언제나 대접해 주고, 대접받는 그런 존재가 되고 싶다. 누군가의 딸로서 아들로서 귀한 공주, 왕자로만 살다가 왕비도 못되고 왕도 못되니 결혼이 주는 상실감 너무 컸으리라. 서로에게 자기만 알아달라 요구하니 소통이 될 리가 없었을 것이다. 남편은 아빠가 아니고 아내는 엄마가 아니라는 걸 알면서도 부모에게 받던 사랑의 돌봄을 서로에게 원하고 있었던 것은 아닐까?

중년인 나와 노년인 우리 부모 세대들은 남편이 나의 존재이고 자식들이 건강하게 잘 커 주는 것이 '행복'이었다. 자기애가 넘치는 대부분의 자녀 세대는 이런 종류의 '행복'을 이해 못 한다. 왜 그렇게 살아야 하는지 모른다.

물질적으로만 부족함이 없어 부모의 부나 지위가 본인의 기대에 부응하지 못하면 '이번 생은 망했다'라는 표현을 아무렇지 않게 쓰며 부모의 가슴에 대못을 박아대는 세대들이다. 인터넷에서 배운 지식을 토대로 아들과 딸이, 결혼하여 글로만 배운 '존중'으로 한 가정의 아내와 남편이 되려고 한다. 하지만 현실은 인터넷 검색을 하듯 쉽지 않을 것이다.

부부 관계가 변하고 있다

과거에 결혼은 남녀가 검은 머리 파뿌리 되도록 한평생 삶을 함께한다는 의미였다. 남편과 아내는 행복한 가정 만들기라는 목표를 향해 최선을 다하겠다고 약속하지만, 현실은 녹록지 않다. 가부장적 사회가 만들어 놓은 관습 아래 남녀 각자 역할의 책임만 있을 뿐, 가족과 서로 소통되지 않아서 갈등이 생기고 결국 아내와 남편의 자리를 내려놓게 한다.

하지만 이제 부부 관계도 변하고 있다. 결혼 15년 차에 이혼한 C는 부부의 노력만으로 넘을 수 없는 벽이 너무 많았다. 시댁, 친정 간의 서로 다른 가족문화, 각자의 직업, 일상 패턴(아내는 아침형, 남편은 야행성 인간이었다) 문제는 해결되지 않고 해가 갈수록 갈등은 커졌다. 자녀가 예민한 청소년기라 이혼하기까지 많이 고민했지만, 결혼을 유지하면 서로에게도 자녀에게도 좋지 않을 것 같아 서류상 관계는 정리하고 자녀의 부모로서 책임을 지는 조건으로 합의를 보았다고 한다. 제도로 얽힌 부부 관계에서 벗어나 자녀를 잘 키우는 것을 목표로 하는 파트너 관계를 선택한 것이다.

자녀의 원 거주지는 엄마의 집이지만 서로의 거주 공간을 앞 동, 뒷동으로 하여 자녀가 자유롭게 엄마, 아빠 집을 오갈 수 있게 하였다. 아내와 남편이 아닌 공통의 목표(자녀양육)를 달성하기 위한 파트너 관계가 되고 나니 오히려 결혼제도로 묶여 있을 때보다 더 자유롭게 소통하고 서로를 이해하게 됐다고 한다.

폭력을 행사하거나 외도하는 배우자를 견디며 사는 사

람들, 쇼윈도 부부도 마찬가지다. 왜 그렇게까지 부부 관계를 이어가려고 하는 걸까? 서류상 부부의 관계를 유지하는 이유는 오직 하나 '자식' 때문이라고 한다. 과연 이런 식의 건강하지 않은 가정을 지킬 필요가 있을까? 검은 머리가 파뿌리가 되도록 살아가는 게 맞는 것인지 결혼 주례를 해주신 모든 분께 물어보고 싶다. 틀림없이 건강하지 않은 부부 관계를 이어가라고 하지는 않을 것이다.

이혼이 자랑은 아니지만 부끄러운 일도 아니다. 이혼했다는 이유로 당사자뿐 아니라 그들의 부모들도 세상의 편견 속에 살던 시대는 지났다. 더 나쁜 관계로 가기 전에 친구로서 파트너 관계를 유지하며 자식의 부모 역할을 선택한 C 부부. 우리는 새로운 그들의 선택을 존중해야 한다.

내 자녀에게 바라는
결혼 희망 사항

D 씨 부부는 얼마 전 결혼한 딸 집들이에서 눈물의 밥을 먹었다고 한다. 이유는 왕 대접받듯이 가만히 있는 사위와 다르게 혼자 음식 만들며 허둥지둥하는 딸 때문이었다. 딸의 모습이 안쓰럽고 속상해 잠을 이룰 수 없었다. 똑똑한 척은 다 하더니 헛똑똑이라며 D 씨 부부는 우리에게 하소연했다. 그럴 만도 하다. 결혼식 때 눈물로 딸을 보낸 친정 아빠, 엄마 입장에서 귀하게 키운 딸, 손에 물 한 번 안 묻히고 시집보냈는데 그런 모습을 보다니 천불이 났을 것이다.

부부간의 갈등으로 이혼하는 경우 외에도 부모가 자녀

들의 가정사에 개입하여 불난 집에 부채질하는 격으로 자녀의 이혼을 부추기는 경우도 종종 볼 수 있다. 딸이 결혼 후 부당한 대접을 받거나 고통스러운 결혼생활을 하는 경우 하루빨리 새로운 길을 택하도록 종용하는 것이다. 고부간의 갈등은 옛말이 되었다. 요즘은 장서갈등으로 이혼하는 경우도 볼 수 있다. 세월이 흘러 자식들이 결혼한 후에도 완전한 독립을 시키지 못하고 자기 자식에게만 눈이 멀어 부부 사이를 저울질하는 어리석은 부모가 되지 않아야 할 텐데, 나도 그럴 자신이 없다.

D 씨 부부는 딸이 지금은 신혼이고 전업주부라 불만이 없겠지만, 시간이 흘러 왜 나만 해야 하냐고 억울해할까 봐 걱정이라고 했다. 사랑을 가장한 딸을 향한 일방적인 배려가 언젠가 화살이 되어 심장에 박히게 될까? D 씨 부부만큼이나 앞으로 예비 신랑, 신부의 엄마가 될 나도 두렵고 겁이 난다.

내 자녀들이 감상적인 사랑이 아닌 이성적 사랑을 했으면 한다. 어느 한쪽이 기울어지는 의존적 존재가 아니라 동등한 관계의 파트너로서의 존재이길 바란다. 결혼을 통해 도태되는 삶, 가정 내에서 역할과 책임만을 강조하는 누군가의 아내, 누군가의 남편이 아니었으면 한다. 독립적으로 서로의 의사를 존중하고 한층 성숙한 파트너로서 함께 성장하는 관계가 되었으면 한다. 서로가 협력해서 결혼이라는 기업을 성공적으로 운영하길 진심으로 바란다.

가족의 중심에서
'나'를 외치다

　가족 하면 각자 떠오르는 단어가 한두 개 정도는 있을 거다.

　나에게 가족은 어릴 적 읽었던 안데르센 동화 『성냥팔이 소녀』다. 빨간 벽돌집 유리 창문 안으로 다정한 가족이 따뜻한 난로 앞에서 맛있는 음식을 먹으면서 행복해한다. 이 장면이 어릴 적 내가 생각하는 '가족'이었다. 가족이 없으면 성냥팔이 소녀처럼 추위에 떨고 배고프고 불쌍하고 무서운 거구나.

요즘은 상처받은 마음을 가족과 소통으로 회복하기보다는 반려동물이나 친구에게 치유 받는 사람들이 늘고 있다. 왜일까? 스트레스 때문이다. 힘든 몸을 이끌고 집에 들어가 부모 얼굴 보는 것도 지칠 때가 있다. 우리는 사람에게 받은 스트레스, 외부에서 받은 스트레스를 사람 대 사람으로 풀어가기보다는 단절해 버린다. 공동체 속에서 누군가와 맞추고 소통하기보다는 독립적인 존재로 치유 받기를 원한다. 그래서 부모님의 잔소리보다는 꼬리를 흔들며 나만 바라보는 반려동물에게, 나와 마음 맞는 친구나 연인에게 우리의 마음을 주는 것은 아닐까.

이제 젊은 세대에게 가족의 중심은 '혈연', '부모'가 아니라 개인인 '나'로 전환되어 가고 있다.

동거, 비혼주의, 1인 가구를 주변에서도 흔히 볼 수 있다. 동거가족은 사랑하는 당사자 둘만의 관계다. 명절에 양가 어른 찾는 일, 시댁에 먼저 가거나 친정은 나중에 가는 일 때문에, 갈등할 일도 없다. 재산도 각자 관리하면서 이런저런 관계에 얽매이지 않아도 된다. 사랑은 하되 자기 일에

집중할 수 있는 장점이 많은 동거를 젊은 세대들은 선택하
고 있다.

비혼주의, 1인 가족의 등장은 누군가를 위해 희생하기보
다는 사람들이 자신의 가치를 존중하는 자기애에서 비롯
됐다. 여성의 사회진출은 사회적 지위와 역할로 자리를 잡
게 되고, 경제적 독립은 여성들을 결혼제도의 범주에서 벗
어나게 한다. 가정 안에서 돌봄을 수행하는 역할을 포기하
고 자기 계발에 집중하며 자유롭고 독립적 존재로 살아가
길 원한다.

1인 가구는 미니멀 라이프를 추구하고, 점점 개인주의적
으로 변하는 사회 분위기를 대변한다. 물론 맛있는 음식과
따뜻한 가족을 꿈꾸며 별이 된 성냥팔이 소녀처럼 당연하
게 누리는 가족의 일상을 꿈꾸는 사람도 있다. 나 또한 중
년이 되어서야 가족의 따뜻한 공간을 만들고 지키기 위해
'사랑'이라는 이름의 '수고로움과 희생'이 필요했음을 알게
되었다.

우리 가족을 지켜준
진짜 리더는 부모님이었다

팔순이 넘은 우리 엄마는 20대 초반에 가을 달빛에 비친 아빠의 잘생긴 외모에 반해 연애결혼을 했다. 그리고 사는 내내 고생했다고 입에서 단내가 나도록 말했다. 엄마 말로 나의 친할아버지는 1960년대 법무사를 했지만, 집은 항상 가난해 옆집 어르신이 아이 놓고 도망가라고 할 정도였다고 한다.

외할머니는 엄마가 서너 살 때 돌아가셨고, 엄마는 계모 밑에서 유아기와 아동기를 보냈다. 그 시절 엄마는 외증조

할머니의 돌봄으로 그나마 행복했다. 엄마는 외증조할머니가 돌아가신 후에 계모 밑에서 녹록지 않은 삶을 살았기에 누구보다 엄마 정이 그리운 사람이다. 그래서 당신의 아이들에게 자신의 유년 시절처럼 엄마 없이 계모 밑에서 살게 하고 싶지 않아 힘들게 가족을 지켜냈다. 엄마가 참지 못하고 어린 자식을 두고 떠났다면 나는 어떤 삶을 살았을까? 상상만으로도 등줄기에 땀이 찬다.

"엄마, 우리 가족을 지켜주셔서 감사해요. 살아 내느라 고생하셨어요. 혹시 젊은 시절 많은 것을 포기하고 가족을 지켜내셨는데, 그때 도망 안 간 거 후회하지 않아요?"

"고생은 했지만 지금 돌아보면 행복이고, 너희들을 지켜낸 것은 축복이지."

중년이 된 나는 엄마의 말이 무슨 말인지 알 수 있다. 나 또한 가족을 지키는 게 쉽지는 않았지만, 엄마가 말한 '행복'과 '축복'의 의미를 알기에 엄마의 길을 성실히 가고 있다. 자신의 젊음과 목표를 포기하면서 게다가 고생스럽기까지 한 가족을 지켜내는 일. 왜 지키려고 하는지 모르겠다고? 그럴 만한 가치가 있느냐고? 혹시 내 아들딸이 묻는다면, "나도 너희들처럼 뜨거운 피가 내 심장을 뛰게 할 때도 있었고, 독신을 고민할 때도 있었다. 너희도 결혼하여 아들딸 낳고 살아봐라. 그럼 진정한 행복의 가치를 알게 될 거다"라고 자신 있게 말할 수 있다.

가정은 잠자고 밥 먹고 추위를 피하는 '집'으로서의 기능만 하는 곳이 아니길 바란다. 사랑을 바탕으로 완전히 독립한 개인과 개인이 만나 가족을 구성하고 행복한 가정 안에서 성장하고 무르익는 곳이길 바란다. 가족을 만드는 과정이 사랑하는 남녀가 만나 결혼하고 아기를 낳는 것뿐 아니라, 다양한 관계로 맺어질 수 있음을 인정해야 한다. 다양한 구성의 가정이 더 많아지겠지만, 내 자식들은 부모-자식이 함께 성장해 나가는 데 목적을 둔 진정한 돌봄의 가치를 실현하는 가족을 맛보았으면 한다. 짜기도 하고 맵기도 하지만, 그런 맛들이 조화롭게 어우러져야 진짜 맛있는 음식이 탄생되지 않는가?

오늘 우리 가족을 지켜준 부모님께 감사한 마음을 담아 정성스럽게 밥 한 끼 대접해야겠다.

3장

어서 오세요, 나의 중년!

"생애주기를 100세로 본다면,
나는 인생의 반을 살아왔고
다시 반을 더 살아야 한다.
젊음과 노년 중간 어디쯤 나의 중년을,
반갑게 맞이하고 싶다."

내가 바라던 오십은 없었다

20대 때는 오십이 넘으면 엄청 나이 많은 사람인 줄 알았다. 무엇이든지 척척 해결하고, 무서울 게 없는 대단한 존재인 줄 알았다. 그런데 오십이 훌쩍 넘은 중년의 삶은 젊은 청년만큼이나 고달프다. 뭐든 척척 해결하지도 못하고 2~30대에 가졌던 불안과 두려움을 안고 생활하고 있다. 마음은 청춘이지만 체력은 청춘을 따라가지 못한다. 아직도 바쁘고 치열한 삶에 자신을 돌아볼 시간조차 없는 것이다.

과로로 쓰러지는 가장들은 뉴스에서만 나오는 남의 얘

기가 아니다. 언니 동생 하는 지인 I는 몇 년 전 뇌출혈로 죽음의 문턱을 넘었다 다시 돌아왔다. 일 년 정도 회복하는가 싶더니 또다시 응급실을 찾았다. 두 번의 죽을 고비를 넘긴 지인은 세상 살아 내기가 쉽지 않다고 한다. 행복한 노후를 맞이하기 위해서 정말 열심히 살아 냈는데, 노후를 맞이하기 전에 죽게 생겼다고.

이제는 아픈 배를 만져줄 엄마의 약손도 없다. 아프면 쪼르르 달려갈 엄마도 없다. 지금의 나에게는 내가 책임져야 할 가족들만 있을 뿐이다. 그러니 나는 아파도 안된다. 지금은 허리가 아프면 파스 바르고 배가 아프면 매실차 마셔가며 그냥 넘기고 있다. 그렇게 몸이 아프다고 신호를 주어도 우린 별일 아닌 것처럼 뭐가 그리 바쁜지 그냥 그 신호를 무시한다. 자식과 남편에게는 유난을 떨면서 말이다.

우리 중 누구도 '죽음'에서 자유로울 수 없다. 호호 할머니 할아버지로 건강하게 늙어간다는 것은 우리의 소망일 뿐이다. 가만히 있으면 건강한 노후는 오지 않는다. 내 건강을 돌보는 일은 쉬운 것 같지만, 어려운 돌봄이다. 그리고 제일 중요한 돌봄이다. 우리에게 보내는 몸의 신호를 놓치지 말아야 한다.

나의 갱년기 호르몬 변화는 정서적 변화뿐 아니라, 신체적으로도 엄청난 변화를 가져왔다. 몸에 살이 붙기 시작하면서 생긴 허리 통증은 일상에 큰 영향을 미쳤다. 허리 통증뿐 아니라 무릎관절도 아프기 시작했다. 아침에 일어나 침대에서 내려온 순간 발바닥이 찌릿한 통증까지 느끼게 되었다.

나는 운동하는 것을 죽기보다 싫어한다. 산책하는 것을 좋아해서 그나마 하는 유일한 운동은 걷기이다. 주위 사람들은 나와 걸으면 속 터진다고, 운동이 아니라 그냥 기어가는 수준이라고 혀를 내두른다. 분명 같이 걷기 시작했는데, 다들 나만 홀로 두고 사라질 정도다. 나처럼 허리 통증이 있었지만, 극복하고 새로운 인생을 살아가는 80세 노인의 사연이다.

20년 전 허리 통증으로 병원을 찾은 할머니는 협착증이

심하여 근력운동을 하지 않으면 조만간 걷기가 힘들어질 수 있고 전동 휠체어까지 타야 할 상황이 올 수 있다는 의사 말에 하늘이 무너져 내리는 줄 알았다고 한다. 그때 근력운동을 시작했고, 40년이 되었다고 한다. 50대 중반인 나보다 더 생기 있는 외모는 80대 노인의 모습이라 믿기지 않았다. 나의 친정엄마도 80대이다. 언젠가부터 허리도 굽어지고 걸음걸이도 무거워지면서 집안에서만 있으려고 한다. 엄마의 외출은 일주일에 세 번 있는 1시간 아쿠아로빅 강습뿐이다. 80세에 기구 운동을 하는 할머니는 우리가 상상하는 할머니가 아니다. 그녀는 운동을 통해 몸이 건강해진 것뿐 아니라 새로운 인생을 살기 시작했다고 한다.

"60, 70대가 되면 나는 늙어서 아무것도 못 한다고 포기하는데, 겁먹지 말고 도전하세요. 몸이 만들어지고 건강해지니 모든 면에 자신감이 생기고 삶의 질이 좋아지고 무엇을 하든지 겁이 안 나요."

팔십은 집에서 천국 가는 날만 손꼽아 기다리기에는 너무 아까운 나이다. 집에만 머무는 나의 부모님을 '80세 동안 할머니'처럼 세상 밖으로 내보내야겠다. 젊다고 건강한 것이 아니고, 늙었다고 아픈 것이 아니다. 건강한 몸과 마음이 얼마나 중요한지 알아야 한다. 나이가 들수록 '아무것도 못 해'하면서 집 안에 있지 말고 세상 밖으로 나가 겁먹지 말고 도전해 보자!

뭐든 시작하기 좋은 나이

늙어간다는 것은 매일 출근하던 직장이 없어진다는 것, 가정에서 나의 돌봄이 더 이상 필요하지 않다는 것, 일상에 조금씩 변화가 생겨나고 있다는 것이다. 활발했던 사회생활에서도 한발 물러나면서 나는 갈 곳을 잃은 어린아이가 되었다. 방황하고 있는 중년 어디쯤 가고 있는 이 길을 잠깐 멈추자. 그리고 재정비하자. '욕심'을 비우고 그 공간에 '나만을 위한 시간'으로 채우자. 'STOP'이 길어지면 'END'가 되어 버릴 수 있다.

내가 목표로 한 삶이 삐거덕거린 것은 5년 전이다. 내 나이 50살. 모든 게 순조롭지는 않았지만, 그래도 목표를 향해 성실히 가고 있었다. 적어도 내가 운영하던 어린이집이 재개발로 문을 닫을 수밖에 없는 상황이 오기 전까지는. 돈은 물론이고, 내 청춘, 나의 미래를 재개발하는 어린이집에 두고 나왔다.

"백 원장, 세상 공부 제대로 했다고 생각해!"

그때는 자신 있었다. 아직 나는 꿈이 있었고 세상은 나를 중심으로 돌아간다고 믿었다. 위기를 기회로 바꿀 것이다! 멋진 모습으로 당신들 앞에 나타나리라! 다짐하며, 전문성을 키우기 위해 생애 돌봄 정책학과 석사과정을 밟았다. 사회복지학, 돌봄을 공부하고 간호조무사, 요양보호사 자격증을 따면서 4년 넘게 준비했다. 세상은 50대 중반 여성에게 그리 호락호락하지 않구나. 취업 준비를 하며, 면접 보는 것도 하늘에서 별 따기다.

친구들은 "대단한 미경이, 너를 응원한다"고 말하지만,

영혼 없는 소리다. 진정성이 전혀 없다. '저 나이에 뭘 한다고 용쓰고 있나. 젊은 친구들도 취업하기 힘든데 저 나이에 …'라는 생각일 테다. 가족들은 그 많은 시간과 돈을 들여 딴 자격증을 어쩔 거냐며 한마디씩 하고, 딸은 "자격증 장사하시게요?" 하면서 나를 놀린다. 목표지점에서 점점 멀어지는 기분이다.

나는 지금 어디를 향해 달려가고는 있는 걸까? 애초부터 목표지점이 없었나? 어린이집을 접고 난 이후부터는 목표도 없이, 목표를 향해 달려가고 있다고 착각한 거다. 달려가다 보면 목표가 나올 줄 알았다. 부모가 이쪽으로 가라 하면 이쪽으로 가고, 교수님이 저쪽으로 가라 하면 저쪽으로 갔다. 나는 여태껏 누군가 가라는 대로 달려갔구나! 가다가 아니다 싶어도 멈추면 다시 달릴 자신이 없어서 그냥 달렸구나!

지금 나는 어디로 가야 할지 모르겠다. 무엇 때문에 자격증을 땄을까? 딸아이 말처럼 자격증 장사를 하려고 따지는 않았을 텐데. 딸아이의 놀림 섞인 물음이 나를 정통으로 쳤다. 달리기를 잠깐 멈춰야겠다. 그리고 나를 되돌아봐야겠다. 내가 뭘 하고 싶은지 알아볼 시간이 필요하다. 우선 너무 열심히 달려 심장이 터질 것 같으니 거친 숨 고르기부터 하자! 조급한 마음을 잠시 내려두고 숨 한번 크게 쉬어보자.

40살이 넘어서도 세계적인 성공을 거둔 인물들을 소개하면 도널드 피셔는 41세에 아내와 의류 브랜드 GAP를 창립하였고, 아돌프 다슬러는 어렸을 때부터 신발공장 다니다가 49세 아디다스를 창립하였다. 그뿐 아니라 에레이크 록은 53세 맥도날드 창립, 할랜드 샌더스는 65세에 KFC를 창립하였다. 그러니 우리 나이가 결코 늦은 나이가 아니다.

오십이란 나이는 자식과 남편에게 더 이상 내 손길이 필요하지 않아 시간도 많고, 아주 많은 돈은 아니지만 취미생활 한두 가지쯤은 할 수 있는 경제력도 있는 나이이다. 심지어 내가 쓰는 돈의 출처를 밝히지 않아도 되고 이래라저래라 간섭하는 부모도 없다. 지금의 나이는 정말 무언가 적극적으로 하기 딱 좋은 나이인데, 세상은 중년여성을 필요

로 하지 않는다. 하지만 청년과 노년의 사잇길에서 다시 나
를 채워 보려 한다.

내 안에 중년 있다

'내 안에 너 있다' 아니라 '내 안에 중년 있다' 중년의 삶은 나에게는 먼 얘기인 줄 알았다. 성경책 글씨가 점점 흐릿하게 보이더니 돋보기와 함께 오십의 중년이 '훅' 강타를 날리며 나에게 찾아왔다. 예상치 않은 손님이라 달갑진 않았지만 나에게 오신 손님이니 맞이해 주고 싶었다.

"어서 오세요. 나의 중년, 만나서 반갑습니다."

돋보기와 '1+1' 팔리지 않는 상품 끼워팔기 이벤트 행사처럼 찾아온 중년을 맞이하며, 왜 갑자기 딸의 '첫 생리' 때가 떠오르는지 모르겠다. 나의 첫 생리는 중학교 2학년, 학교에서 당황스럽고 조심스럽게 시작됐다. 먼저 시작했던 친구가 쉬는 시간에 화장실로 데려가 생리대 사용법을 설명해 줬고, 누군가에게 축하는커녕 엄마와 둘만의 비밀처럼 지나갔다. 딸아이는 첫 생리 날에 아빠에게 꽃다발을 받고, 가족 외식을 하며, 축하받았다. 그런데 나의 신체적, 정신적 변화(사춘기와 갱년기)는 왜 항상 아무에게 관심받지 못할까? 갑자기 이런 나 자신에게 짜증과 함께 연민까지 느껴졌다.

내가 청소년 시절에 받아보지 못한 사랑과 관심을 받는 딸에게 묘한 질투가 느껴졌다. 아니, 딸에게 느끼는 질투보다는 나는 받아보지 못한 남편의 낭만적인 모습에서 느끼는 배신감이 더 컸다.

중년은 사춘기와 또 다른 나의 성장기이다. 그러니 첫 생리처럼 조용히 중년을 맞이하지 않을 것이다. 가족의 관심을 받으며 요란스러웠던 딸의 사춘기처럼 나도 화려한 중년의 성장기를 맞이할 것이다. 나는 지금 가족들의 응원과 지원이 필요하다.

중년에게 시금치보다 싫은 건

오십 중반으로 넘어가고 있지만 마음은 아직 청춘이다. 가끔 딸아이가 질색할 때도 있지만, 나는 아직도 미시들이 입는 옷들을 추구하면서 내 멋에 살고 있다. 최대한 젊음을 유지하기 위한 나의 마지막 발악이다.

"필러, 보톡스 좀 맞을까? 요즘 엄마 친구들 다 한다고 하는데….."

"엄마, 자연스럽게 늙어가세요. 제발." (딸의 반응)

"지금도 충분히 아름다워요." (아들의 반응)

"호박에 줄 긋는다고 수박 절대 안 되지." (남편의 반응)

우리 집 식구들은 칠색 팔색이다. 못된 것들…. 자기들은 온몸에 타투, 피어싱 등 별거 다 하고 다니면서 나를 워워~ 진정시킨다. 필러 보톡스까진 아니더라도 얼굴의 주름은 공들인 화장으로 덮고 흰머리는 염색으로 가려 나름 최대한 젊게 하고 모임 길에 나섰다. 쇼윈도에 슬쩍 비친 내 모습이 낯설었다. 마주하기 싫어 그 자리를 최대한 빨리 지나쳤다. 아, 모든 것이 서서히 변하고 있구나!

매스컴에서는 불경기라고 떠들어대지만, 식당가는 사람들로 가득했다. 친구들과 한 자리씩 차지하고 자식 얘기, 남편, 시부모 얘기로 한바탕 정신을 쭉 빼고 나니, 한 친구가 다른 사람들은 소화 기능이 떨어져 먹고 싶은 음식도 마음껏 못 먹지만 본인은 아무거나 다 잘 먹고 모든 음식이 다 맛있다고 축복받은 몸이라고 자랑 아닌 자랑을 늘어놓는다. 이때 한 친구가 자기는 요즘 먹기 싫은 것이 있다고 한다. 그게 뭔지 아느냐는 물음에 다른 친구가 "시금치"

라고 외쳤다.

"시금치? 왜?"

시금치가 왜 싫은지 의아해하는 친구들에게 그 친구가
말했다.

"왜긴 왜야? 시댁에 진저리 나서 '시' 자로 시작하는 것
은 다 싫은 거지!"

듣고 보니 맞는 말이다. 그때 다른 친구가 말했다.

"시금치는 젊을 때 얘기고, 중년인 지금은 나이 먹는 게
제일 싫다! '나이'에 비하면 '시금치'는 꿀맛이야."

그 얘기에 모두 "아~하!" 하고 공감의 탄식을 내뱉었다.
젊은 시절 뭣 모르고 당하기만 했던 고된 시집살이보다도
더 싫은 것이 나이 드는 것이라니. 늙는 건, 외모뿐 아니다.
단어도 생각이 안 나서 "거기, 거기" "저기, 저기" "여기, 여

기" 하면서 깔깔 웃는다. 10대 소녀처럼 "까르르 까르르" 우리의 웃음소리가 식당 안을 가득 메운다. 나의 청춘은 또 이렇게 간다.

새로운 청춘이
다시 시작되고 있다

주변의 친구들은 이것저것 벌리는 나를 보고 에너지 넘친다며, 그냥 쉬라고, 병난다고, 자기네들이랑 골프나 치고 맛있는 음식 먹으며 시간을 보내자 한다. 친구들이 누리는 이 시간은 젊은 시절 고생한 자신에게 주는 인생 보상이다. 나도 친구들 따라 골프 연습장이나 따라다니고, 여행 다니며 시간을 보내고 싶을 때도 있다.

가끔은 그들의 삶이 부럽기도 하지만, 나는 아직 학업 중인 아이들과 준비되지 않은 노후 때문에 생계형 밥벌이를 조금 더 해야 한다. 아직도 생업 전선에서 밥벌이용 일하느라 허덕이고 있는 나의 또 다른 친구들도 있다. 우리에게도 시간 차이는 있겠지만, 자의든 타의든 생업의 전선에서 내려와야 할 때가 올 것이다. 그에 따른 보상을 어떤 식으로 무엇으로 받을지는 우리의 선택에 달렸다.

이제 아이들은 나의 손길이 굳이 필요하지 않은 청년들로 성장했다. 나도 늘어진 뱃살과 함께 중년의 아줌마로 성숙해 가고 있다. 그리고 앞만 보고 열심히 살아온 나의 삶이 다시 멈춰 섰다. 남편과 나는 남편이 퇴직한 후에 펼쳐질 우리의 미래를 계획하고 준비해야 한다. 노후도 준비해야 하고, 요즘 젊은 세대처럼 나의 가치, 나만의 브랜드도 만들고 싶다.

늙어가는 몸을 어찌 막을 수 있겠나. 그렇지만 젊은 시절 가졌던 청춘의 뜨거웠던 마음은 아직 살아있다. 뜨겁기만 했던 열정이 단단하고 여유로워지기까지 해졌다. 이제 도전을 두려워하지 않고, 용기 내어 이 뜨거운 에너지를 생산적으로 사용할 방법을 찾을 것이다. 나의 진짜 인생은 지금부터다. 젊은 시절 해야 했던 생계형 일이 아니라, 가슴 뛰며 보람을 찾을 수 있는 일을 찾아 도전할 것이다.

젊음의 청춘이 가고, 중년의 청춘이 다시 시작되고 있다.

중년 선언문을 선포하다

몇 달째 돌봄과 관련한 직업군에 이력서를 넣고 있지만, 서류 면접에서부터 연락조차 오지 않는다. 어린이집을 계속 운영했어야 했나? 직업군 방향을 돌린 나의 선택이 잘못되었나? 중년의 나이에 취직하기란 쉽지 않구나! 퇴직할 나이인데 무슨 자신감이었을까? 나이가 또 나를 위축되게 한다. 대체 돌봄 교사 아르바이트 자리로 나의 인생이 끝나는 것은 아닌지 조바심이 든다.

1일 초등 돌봄 대체 교사로 7시까지 일하고 집에 도착하니 저녁 8시! 헐레벌떡 집으로 들어서니, 라면을 끓이고 있던 남편이 짜증 섞인 목소리로 한마디 던진다.

뭐 대단한 거 하고 다닌다고 저녁 시간 지나서 들어오냐며 저녁 준비도 안 되어 있어서 라면이나 끓여 먹어야겠냐? 배고픈데, 밥도 없고 짜증 난다고 타박이다. 난 아직 옷도 벗지 않았는데…. 놀다 온 것도 아니고 순간 나의 가슴 저 밑바닥에서 뜨거운 것이 확 올라오더니 활화산처럼 터져버렸다.

"내가 놀다 왔어? 나도 당신처럼 돈 벌고 왔어. 왜 매번 내가 밥해서 당신 앞에 갖다 바쳐야 해! 당신이 밥해서 날 기다려 주면 안 되는 거야? 왜 난 퇴근하고 돌아오면서 당신 밥걱정 애들 밥걱정해야 하는데? 왜 나만!"

남편은 너무나 가정적이라 저녁 7시에서 7시 30분이면 항상 퇴근해 집으로 온다. 평일에는 절대 친구도 안 만나고 곧장 집으로 직행이다. 저녁은 꼭 집밥을 먹어야 한다. 맞벌이지만 난 퇴근 후 숨 돌릴 틈 없이 저녁을 준비해서 남편과 아이들에게 가져다 바치고, 뒷정리하고 나서야 겨우 쉴 수 있었다. 왜 그랬을까? 왜 그 모든 게 당연하다고 생각했을까?

엄마는 그래야 한다고 생각했다. 친정엄마가 그래왔고, 시어머니도 그랬을 것이다. 하지만 나는 전업주부가 아닌데 갑자기 억울한 생각이 들었다. 계약직이지만 나도 지금 남편처럼 직장을 다니고 있지 않은가? 요즘 나의 몸은 갑자기 뜨거워졌다가 차가워졌다가 한다. 그러다 한겨울인데도 덥다가 땀도 송골송골 맺히기도 하고, 몸살처럼 오한이 들기도 한다. 몸의 기능에 이상이 생겨 짜증과 울화가 치밀어 올라 스스로 나를 통제할 수 없었다. 여하튼 라면사건, 이후로 나는 '나의 중년 선언문'을 가족들에게 선포했다.

하나. 저녁은 최대한 내가 하지만 퇴근이 늦어지면 각자 해결한다.

하나. 세탁과 거실, 방 청소기 돌리는 것은 남편이 한다.

하나. 자신의 방은 각자 정리한다.

남편과 아이들이 불편할지라도 나의 중년 독립을 가족들에게 선포하고 가족들의 동의를 반강제적으로 받아냈다. 각자 업무 분담이 생겼지만, 바로 잘 될 리 없었다. 한동안 애들 방이 전쟁터이고, 빨래통에 빨래가 쌓여있고, 흰 빨래와 검은 빨래 분리가 되어 있지 않아도 나는 눈을 감고 그 공간을 지나갔다. 남편도 나의 퇴근이 늦은 날은 스스로 저녁을 해결한다. 마음이 편하지만은 않지만, 모른 척하려고 노력 중이다. 왜냐면 내 인생에 중요한 변화가 시작되었기 때문이다.

"대한 독립 만세!"
"나의 중년 만세!"

자식의 꿈이 아닌,
내 꿈을 찾아서

어린이집 문을 닫고 절망의 시간을 보내고 있을 때 딸이
나에게 물었다.

"엄마는 꿈이 뭐였어?"
"너는? 너는 뭐가 되고 싶어?"

딸 질문에 답은 하지 않고 괜히 되물었다.

딸에게 돌아온 답은 "글쎄" 특별히 하고 싶은 게 없다고
한다. 대학 전공도 본인이 하고 싶은 것을 직접 선택한 아

이였는데…. 학교생활은 만족하지만, 아직 구체적인 진로를 결정하지 못했다고 한다.

"아니, 꿈! 최종목표! 교수라든지 아니면 건축가라든지, 아니면 사업가라든지 뭐 그런 거 없어?"

"응, 그런 거 할 자신이 없어. 날고 기는 애들이 너무 많아."

늘어 빠진 러닝셔츠 사이로 흘러내리는 살과 가녀린 팔뚝으로 점심 설거지 마무리하는 엄마의 뒷모습을 바라보며, 나도 딸에게 받은 질문을 엄마에게 똑같이 했다.

"엄마! 엄마 꿈은 뭐였어?"

"꿈?"

"응. 바라는 거?"

"내가 바라는 깃은, 네 아빠보다 한 달 더 살다가 자는 잠에 조용히 하늘나라 가는 거다. 너희들 힘들지 않게."

"아니 젊었을 때 말이야~"

엄마는 아무 말 없이 웃음으로 나에게 답을 했다. 엄마는 무엇이 되고 싶었을까? 꽃집 주인? 빵집 주인? 책방 주인? 그냥 현모양처였을까? 그 시절 엄마에게 꿈이란 사치였을 까?

학창 시절에는 존경하는 사람들을 보면서 꿈을 꾸었다. 에디슨 같은 과학자가 되고 싶었고, 링컨 같은 대통령을 우러러봤다. 이순신 장군, 세종대왕처럼 훌륭한 사람이 되고 싶었다. 오십 중반에 서 있는 나는 더 이상 에디슨, 링컨 같은 위인을 보며 이상적인 꿈을 꾸지 않는다. 밥 먹고, 자식 키우고 사느라 잃어버렸던 나의 꿈. 나의 부모처럼 자식 바라보며 하루하루에 감사하며 살기에는 나에게 주어진 인생 주기가 너무 길다.

얼마 전 본 인도영화 「비자이, 69세」.

영화는 가족과 친구들이 비자이가 죽은 줄 알고, 장례식을 치르는 해프닝에서 출발한다. 자신의 장례식에서 그는 자신의 살아온 삶에 내세울 업적 하나 없음을 알게 되고, 젊은 시절 어쩔 수 없이 포기한 수영의 한 종목을 기반으로 트라이 애슬론(철인 3종 경기)에 도전한다. 지역 사회뿐 아니라 친구, 가족 모두가 반대했지만, 69세 비자이의 설레는 두 번째 봄을 막지 못했다.

'자유롭고 길 잃은 새 거친 폭풍 앞에 섰을 때 날 수 있단다. 너를 던져라. 널 흔들고 있는 바람 속으로'

– 이은미, '알바트로스' 중 일부

알바트로스라는 새는 세상에서 가장 긴 날개를 가진새로 땅 위의 모습은 잘 날지 못하고 긴 날개 때문에 뒤뚱뒤뚱하는 모습이 우스꽝스러워 바보 새라고도 불린다. 하지만 알바트로스의 진짜 능력은 폭풍우가 거세질 때 발휘한다. 나는 가수 이은미의 노래 '알바트로스'를 들으면서 새로운 비상을 꿈꿨다. 긴 날개를 접고 나의 인생 절반을 살았으니, 남은 인생은 날개를 펴고 알바트로스처럼 가장 높게 멀리 그리고 가장 나다운 모습으로 자유롭게 날아오르려 한다.

　지금의 사회는 우리 중년여성이 보낸 세월을 별 볼 일 없다고 하지만, 그냥 보낸 세월은 없음을 우린 기억해야 한다. 서로 다른 자리에서 다른 방식으로 쌓아온 내공으로 우리는 69세의 비자이처럼, 폭풍우 속에 날아오르는 알바트로스처럼 비상할 수 있다. 오십 이전의 삶과 다른 각도로 세상을 바라보면서 말이다.

오십,
새로운 도전을 꿈꾸다

50대는 지는 세대이다. 제대로 꽃을 피워 보지도 못했는데, 세상은 무심하게 그만 지라고 한다. 자식들은 아직 독립하지 않았고, 부모 부양의 책임까지 해야 할 일이 남아 있는데 말이다. 부모 세대처럼 가난한 세월을 보내진 않았지만, 더 이상 부자를 꿈꿀 수도 없는 세대이다.

어린이집 대체 원장 계약 만료 후, 실업급여를 받던 중 구직 프로그램에 참여하게 되었다. 경력 단절 여성들을 위한 일자리 창출 프로그램으로 자격 대상은 50대 여성이다.

대기업에 다니다 자발적 퇴사를 한 50대 지인 L 씨. 그녀가 연금을 받으려면 아직 10년이나 남았다. 요양병원에 계신 부모님, 독립하지 않은 자식들이 있는데 생각하지 않았던 소득 절벽 앞에 서게 됐다. 경력은 인정받지 못해도 된다. 자신을 필요로 하는 직장을 만나기 위해 프로그램에 참여하게 되었다고 한다.

80년생 대표 밑에서 일했던 50대 지인 M 씨. 작은 규모의 직장이지만, 경력을 발휘할 수 있어 재미있었고 만족스러웠다고 한다. 경력을 연봉으로 인정받지는 못했지만, 아침에 나갈 직장이 있어서 행복했는데, 계약 만료로 그만두게 되어 다시 직업을 찾기 위해 프로그램에 참여하게 됐다고 한다.

로버트 드니로 주연의 영화 「인턴」은 40년간 직장생활을 마친 벤이 패션 회사에 '시니어 인턴사원'으로 입사하면서 겪는 에피소드를 그린 영화다. 70살 벤에게 자식뻘인 직장 대표 줄스와 한참 어린 동료들과 함께하는 직장생활은 어땠을까? 나도 자식뻘인 상사를 모실 수 있고, 나의 경력을 인정받지 못할 수도 있다. 그래도 오십 이후, 찾게 될 직업은 새로운 도전이었으면 한다. 성공보다는 나의 경력을 기반으로 젊은 세대와 함께 즐기고 싶다. 사회의 구성원으로 무언가 이바지하고 싶다.

4장

나의 중년은
늘 봄이다

"오십 중반에 찾아온 이번 봄은 다른 봄이다.
나의 오십은 돌봄을 넘어
'늘—봄'이었으면 좋겠다."

자식에 대한 욕심 내려놓기

　오십이라는 나이는 하늘의 뜻을 깨닫는다는 지천명(地天命)이라고 했다. 공자는 오십에 자신이 존재하는 이유를 알았다는데, 나의 오십은 여전히 불안하고 위태롭다. 불안과 위태로움은 내 욕심이 만들어 놓은 결과일 것이다. 오십이 넘으면 이런 욕심에서 벗어나 공자처럼 나도 나를 돌아보는 시간일 줄 알았는데, 욕심은 나이와 상관없이 끝이 없다. 그 욕심이 나의 중년을 불안하고 위태롭게 한다.

　프리한 중년 이후를 보내기 위해 자식 욕심, 성공 욕심,

젊음에 대한 욕심을 내려놓으려고 한다. 그런데 부모로서 제일 비우기 어려운 것은 자식 욕심이다. 지금까지 남편과 자식을 나와 동일시했다. 거기서 자식은 남편보다 비중이 훨씬 높다. 80% 이상이다. 내 삶 전부를 내 마음에서 비워 내려고 하니 벌써 자식 사랑이 고프다.

아들만 세 명 둔 친정아빠의 지인 H 어르신은 얼마 전 부인과 사별하고 혼자 산다. 둘째 아들은 집에 올 때마다 어르신께 사업 자금으로 쓰게 돈을 달라고 한다. 안 줄 수 없어, 가지고 있는 돈을 다 둘째에게 주고 나니 다른 형제들이 그 사실을 알고 자식들끼리 한바탕 싸움판이 벌어졌다고 한다. 어르신 마음은 전쟁보다도 더 고통스러워 빨리 마누라가 있는 천국에 가고 싶다며 하소연했다고 한다. 돈이 없어 힘들다는 둘째에게 돈을 안 줄 수도 없고, 삼 형제가 싸우는 모습도 보기 싫고. 차라리 자식들이 안 왔으면 좋겠다고 하면서도 혹시 진짜로 자식들이 안 올까 두렵기도 하다고 한다.

어느 가정이나 가족 중에 아픈 손가락이 있다. 자식의 불안한 미래를 대신이라도 살아주고픈 부모의 마음, 부모가 되어보니 어르신의 마음이 충분히 이해된다. 나라도 그랬을 것이다. 부모는 자식을 위해선 목숨을 내어줄 수 있다. 자식을 위해선 무서울 게 없다. 자신의 목숨보다 더 소중한 게 자식이다. 그러나 자식들은 부모가 주는 사랑이 감사함보다는 당연하다고 여기고 더 많은 것을 기대하고 바란다.

캥거루족은 능력이 없어 부모 곁을 떠나지 못하고 부모에게 의존하는 자식만이 아니다. 부모 또한 자식과 헤어지기 싫어 자식을 분리하지 않는 때도 있다. 자식뿐만 아니라 우리도 자식으로부터 독립할 수 있는 시간을 가져야 한다. 그렇지 않으면 팔십 부모의 자녀 돌봄이 끝나지 않은 숙제로 남을 것이다. 그런 무서운 재앙이 현실이 되지 않으려면 자식을 부모 아래 뱃속에 품고만 있지 말고 자립할 수 있도록 해주자. 캥거루 새끼는 1년이면 성장해서 독립한다. 자식을 향한 부모의 과잉 사랑, 이제 멈춰야 할 때다.

부모 콤플렉스
로그아웃하기

　자식을 사랑하지 않는 부모는 없다. 하지만 이 과한 사랑은 자식이 부모의 기대에 미치지 못할 때, 자식에게 '내가 널 어떻게 키웠는데?'라는 섭섭함으로 밀려온다. 대가나 보상을 바라고 자식을 키운 부모는 한 명도 없을 것이다. 그러나 세월이 흘러 미래가 불안한 중년이 되고 나면, 내면 저 깊은 곳에 자식에게 기대한 바를 보상받으려는 마음이 꿈틀거린다.

　아들은 취업 준비로 예민하나. 취업난 때문이다. 신규 채

용이 거의 없기 때문이다. 요즘은 두 명 중 한 명은 '취업 재수'를 한다.

"대학원 준비하는 거 어때? 아니면 전공 살려 유학을 생각해 보든지."

내 말에 아들은 최대한 빨리 취직하고 싶다고 한다. 나이가 더 들면 취직하기가 더 힘들어질 것이고 요즘은 석사, 박사는 너무 흔해서 큰 의미가 없다는 것이 아들 생각이다.

"내 능력에 맞는 곳에서 시작할 거니 어머니, 나를 향한 관심 스위치를 꺼 주십시오."

품 안에 자식이라더니, 이제 좀 컸다고 간섭하지 말라는 건가? 순간 아들을 향한 섭섭함이 나의 허한 가슴에 물밀듯 들어온다. '벌써 이러니 앞으로 내가 너한테 뭘 기대하겠니!' 나는 아들에게 무얼 기대하는 건가? 아들이 자신의 미래를 고민하고 스스로 선택하고 있음에 대견하고, 기특

해야 하는데 나는 왜 한쪽 가슴이 툭 하고 떨어져 나가는 기분이 들까? '사랑'이라는 이름으로 자식을 통해 나의 욕망이나 기대를 충족했었나?

자식이 소위 잘나가는 명문 대학에 가고 대기업에 취직하는 것이 자식이 원했던 것인지, 나의 욕망이었는지도 생각해 보아야 한다. 50년 이상을 살아보니 학벌이나 대기업 취직이 전부가 아니라는 걸 알면서도, 나는 아직 타인 시선에서 벗어나지 못하고 있다. 내면 깊숙이 있던 나의 열등의식이 사랑이라는 명목하에 자식들을 옭아매고 있었다. 부모가 나에게 했던 것처럼, 나도 똑같이 우리 아이들에게 집착하고 있다.

자식 잘되는 길이라는 구실 좋은 핑곗거리를 찾아가며 나만의 캥거루 주머니 안에 자식을 가두고 내가 이루지 못한 욕망을 채우려고 했구나. 부모의 집착 어린 과잉 사랑이 독립하려는 자식 발목을 잡고 있었구나. 내가 없을 저 넓은 세상에 나아갈 수 있도록 자식을 향한 나의 마음을 로그아웃하자! 그리고 비워진 공간을 나를 돌보는 시간으로 채우자.

오늘보다 내일
더 똑똑해지기

엄마처럼 나도 자식들에게 휴대폰이나 노트북, 키오스크 사용법을 물어보기 바쁘다. 신기술을 따라가기 버겁고, 최신 기종이 나오는 것이 무섭다. 그러니 자꾸 기존 것을 추구하게 된다. 편리한 기능이 아무리 많아도 나에게는 무용지물이다. 시대는 너무나 빠르게 발전하는데, 나는 아직도 제자리에 머물러 있다.

대형마트나 식당에 종업원이 없고 무인 계산대가 있으면 들어가다가 주춤하게 된다. 이러다 아무것도 할 수 없는 노인이 될 수 있겠다 싶어 숨을 한번 크게 들이쉬고 차갑고 거대한 기계통 앞에 섰다. 뒤에 있는 사람에게 피해 주는 것만 같아 몇 번을 양보하고서야 커피 두 잔을 겨우 받아올 수 있었다. 간식거리를 주문하고 싶지만, 다시 거대하고 차가운 기계통과 씨름하기 싫어 커피 두 잔에 만족했다.

카페 안은 혼자인 사람들도 꽤 많다. 다들 휴대폰이나 노트북과 소통하고 있다. 종이책을 보는 사람은 없다. 친구들에게 문화센터나 컴퓨터 학원에 등록하여 같이 배워보자고 하면, 너처럼 팔자 좋은 사람이나 많이 배우라는 말이 돌아온다. 내일 끼니 걱정하기도 바쁘다며 생업 걱정, 자식 걱정에 하루가 부족하다고 한다. 내 주변엔 컴퓨터와 친한 친구가 없다. 친해지고 싶지도 않은 것이다.

하지만 시간을 만들고 배워야 한다. 그렇지 않으면 언젠가 나의 부모처럼 자식에게 의존하는 귀찮은 존재가 될 것이다. 나는 그런 존재로 살고 싶지 않다. 온라인 소통 창구를 계속 두드릴 거다. 그래서 '~ 라떼는 말이야'를 남발하는 '꼰대' 말고 젊은 세대와 '소통'하는 스마트한 '어른'이 될 것이다.

나에게 맞는
정서적 돌봄 찾기

갱년기에 접어들며 가끔 울컥울컥한다. 나의 중심을 흔들어 놓기도 하고, 무너진 자존감을 회복하여 올려놓으면 다시 무너지기도 한다. 혼자 종일 울고 싶을 때가 있다. 서너 살 아이가 자기 마음대로 안 될 때 아무 곳에서나 소리 내서 우는 것처럼 나도 가끔 그런 공간과 시간이 필요하다. 내 지인은 속이 너무 상할 때 무조건 차 끌고 어느 한적한 곳에 가서 차 안에서 엉엉 소리내서 울고 온다고 한다. 그래서 요즘 자가용 창문은 그리들 시꺼먼가 보다. 몸이 아프면 병원에 가서 고치면 되는데, 이건 병원에서 고칠 수 있는 문제가 아니기에 이렇게 한번 울고 나면 한동안 마음이 편해진다고 나에게 울적할 때 해보라고 추천해 주었다.

요즘은 목적을 가진 온라인 모임이 많다. 여행 모임, 음악 모임, 독서 모임, 다이어리 모임 등 다양한 모임이 온라인에서 이루어지고 있다. MZ 세대뿐 아니라 기성세대에게도 온라인은 사람과 사람이 만나는 소통의 통로이다. 온라인에서는 개인 정보를 드러내지 않고도 내 솔직한 감정을 쏟아 낼 수 있다. 친구나 가족에게 못하는 이야기를 할 수 있다. 사돈이 땅을 사면 배가 아프다는 말은 그냥 나온 말이 아니다. 친한 사이일수록 시기와 질투가 있다. 친구가 잘되면 축하해 주면서도 배가 아파 힘들다. 얼굴도 모르는 타인이지만, 타인이 친구보다 나을 때도 있다. 이것이 온라인의 매력이다.

친구 중에는 온라인 여행 모임을 통해 힐링하는 친구도 있다. 모르는 사람들과 여행 일정을 공유하고 시간과 장소가 맞으면 같이 떠난다는 것이다. 누구와 시간을 맞추어야

하는 번거로움도 없고, 가볍게 다녀올 수 었다고 한다. 그
것이 음악이 될 수도 있고, 여행이 될 수도 있으며, 독서 모
임이 될 수도 있다. 자신이 처한 환경, 성향에 맞게 선택하
여 상상하고 계획하지만 말고 몸으로 행동하고 움직이자.

우리의 노년은 겨울밤보다 더 길고 길다. 아마 우리가 상
상하는 것 이상으로 춥고 외로울 것이다. 그러니 중년인
지금, 나 자신을 사랑해야 한다. 그 길이 누군가에게 의존
하지 않고 독립적으로 진짜 나와 더불어 살아갈 수 있는
최선이기 때문이다.

내가 자식을 사랑하는 것처럼 나를 귀하게 여겨야 한다.
맛있는 거 보면 자식 얼굴, 남편 얼굴이 아닌 내 얼굴을 떠
올리고, 몸이 아프면 어릴 때 엄마에게 쪼르르 달려가듯이
병원 가서 건강검진을 하자. 자신의 정서를 돌아보는 습관
또한 잊지 말고 꼭 기억해야 한다. 자유로운 중년을 살아
가기 위해서는 신체적 건강을 바탕으로 자신에게 맞는 정
서적 돌봄을 통해 성장하는 것이 우선이다.

혼자만의 시간 갖기

남편은 여행을 좋아한다. 아니 남편이 여행을 좋아하는 줄 몰랐다. 남편이 사회, 직장, 동료들에 쏟았던 열정을 가정으로 쏟으려고 할 때쯤, 자식은 우리보다 친구들과 어울리는 시간이 많아졌다. 가족여행 일정을 앞두고 두 아이 다 가족여행에 참석하지 못하게 되어, 어쩔 수 없이 남편과 둘만의 여행을 떠났다. 그렇게 시작된 여행은 서너 달에 한 번에서 한 달에 한 번이 되었다. 1박 2일, 아니면 2박 3일 코스로 가볍게 떠났다가 돌아온다. 주말을 피하면 숙박비도 저렴하다.

친구들과의 여행은 좋은 점도 있지만, 일정을 맞추기도 힘들고 여행 중에도 사람들 상황에 맞춰야 해서 불편한 점도 종종 있다. 단짝 친구와 둘이 떠나는 여행도 생각만큼 좋은 효과를 주지 못했다. 오십이 넘어가면서부터 남편과의 여행이 친구들의 여행보다 더 좋아지기 시작했다. 주위에서는 "저 부부 금실을 어쩌면 좋냐"고 놀리기도 하지만 나도 처음부터 좋은 것은 아니었다. 아이들이 없는 가족여행은 조금 어색하고 불편했고, 여행 중 싸워서 여행 내내 기분 나쁜 시간을 보낸 적이 어디 한두 번이겠는가?

여행 중 싸운 날은 본의 아니게 혼자 있게 된다. 열받아 혼자 숙소 근처를 산책하다 근처 카페에 혼자 앉아 '자연멍', '사람멍'을 때리다가 숙소에 돌아오면 언제 그랬냐는 듯 자연스럽게 싸움이 풀어지기도 했다. 아이들 얘기, 우리 노후를 이야기하는 시간도 길어지고 다툼의 시간은 짧아졌다. 서로 싸운 날은 혼자만 시간을 보낼 수 있어 어떨 땐 괜히 시비를 걸기도 한다.

남편에게도 혼자만의 시간을 주고 나도 카페에서 한두

시간 책 보고 커피 마시고 산책하며, 각자의 시간을 보내고 만날 때도 있다. 남편과 아이들이 있을 땐 엄두도 못 냈던 한우도 먹고, 지역 특산물도 맛보고, 어떤 날은 둘만의 바비큐도 하며 밤하늘의 별도 구경한다. 적은 돈을 투자해서 큰 행복의 시간을 보낸다. 이런 시간이 나에게 주어져서 여행을 좋아하지 않는 나는 남편을 따라다니는 것이다. 남편은 나와의 여행을 통해 자기 자신을 자신의 방법으로 돌보고 있다.

나는 여행 대신 나만의 시간을 교회에서 보낸다. 특히 누군가의 간섭 없는 새벽 시간을 좋아한다. 아들이 고3일 때, 100일 기도를 하루도 빠지지 않고 했다. 아들은 나의 기대에 못 미치는 아이였다. 예체능을 시켜도 만족스럽지 않고, 공부도 나의 성에 미치지 못했다. 이렇게 하다가는 대학을 못 갈 것 같은 생각이 들었다. 나 혼자 안절부절못하며 애가 타는 시간을 보냈다. 그렇게 시작된 새벽기도 시간, 갑자기 이런 생각이 드는 것이다. 아들은 내가 자기 성에 차는 부모였을까? 나는 나름 자식에게 최선을 다하고 있다고 생각하며 살았다. 그렇게 따지면 아들도 자기 자리에서 성실하고, 건강하게 자라주었다. 그럼에도 나는 아들에게 더 많은 것을 기대한 것이다. 모두 다 나의 욕심이었다.

그날 이후로 새벽기도에 나의 욕심이 아닌 내 아이를 위한 감사기도만 했다. 기도 덕분인지 아들은 시험을 볼 때까지 아프지 않고, 건강하게 지낼 수 있었다. 그렇게 시작된 새벽 기도는 감사의 기도 시간일 때도 있었고, 원망의 시간일 때도 있었다. 나를 온전히 바라보기 좋은 시간이다. 세상살이를 하느라 마음의 상처를 받는 날이 얼마나 많았 겠는가? 하지만 새벽 기도를 하는 시간은 온전히 혼자만의 시간이었고, 나를 들여다보는 시간이 되었다.

중년의 엄마들은 타인을 돌보느라 자신을 돌보는 것이 서툴다. 그래서 훈련이 필요하다. 나의 내면을 꼼꼼히 살펴 보아야 한다. 처음엔 시간 낭비 같지만, 결코 헛된 시간이 아니다. 혼자만의 시간은 우리에게 절대적으로 필요한 시 간임을 잊지 말자.

존경하는 인물 찾기

나의 엄마는 시대적으로 어려운 시절에 태어나, 친모에게 사랑 한번 제대로 받지 못했고, 제대로 된 교육조차 받지 못했지만, 항상 자신의 자리에서 역할을 성실히 하고 있다. 누구와 비교하지 않고 자신이 가진 것에 만족하고, 무엇보다 검소하시다.

소박하지만 내면이 강한 분, 나의 엄마는 자식들에게 말보다는 행동으로 보여주셨다. 집은 항상 깨끗했었고 하루 세 끼를 챙겨 주셨고, 깨끗한 의복을 준비해 주셨다. 그리고 항상 그 자리에 계셨다. 이릴 적 학교 끝나고 집으로 돌아오면 항상 그 자리에서 날 기다려 주셨다. 내가 성인이 되어서도 엄마는 항상 그 자리에 계셨다. 나의 엄마이자 친구이자, 스승이었다. 본인은 한평생 받아보지 못한 엄마의 사랑을 자식들에게 원 없이 주셨다.

가끔 엄마는 나를 보고 혼잣말을 하신다.

"미경아, 넌 좋겠다. 엄마가 있어서…."

요즘은 진짜 어른을 찾기가 힘들다. 똑똑한 사람, 명예나 권력 뒤에 자신의 이익을 감추고 있는 어른들이 너무 많은 세상이다. 미래 지향적이기보다는 "~라떼는 말이야" 하며 지나간 세월만 이야기한다.

100세에 접어든 김형석 철학자는 자신이 하는 일에 가치와 보람을 느끼며 아직도 현역에 있다. 오십 중반이면 자의든 타의든 현역에서 물러나 불안한 중년과 노년을 보내기 마련이다. 그러나 이분은 교수직에서 은퇴한 후에도 칼럼을 쓰기도 하고, 강연도 하면서 책도 쓴다. 젊은 세대뿐 아니라 나처럼 불안한 노년의 문턱에 있는 사람들에게 선한 영향을 주고 있다.

김형석 철학자가 100세를 넘기며 세상을 살아보니, 삶의 주기가 우리가 생각하는 것과 조금 다르다고 한다. 좁게 시작했다가 청년기에 넓어졌다가 은퇴 후 다시 좁아지는 것이 아니라, 좁게 시작해 넓어지다가 노년기에 더 확장된다고 한다. 물가에 있는 고기가 바다로 가게 되며 성숙하는 것처럼, 우리에게는 무한한 가능성이 있다는 것이다.

나는 김형석 철학자의 책을 통해 진짜 어른, 건강한 어른에 대한 답을 얻었다. 100세가 넘었지만, 현장에서 젊은 세대와 소통하는 그분의 단단한 내면을 닮고 싶다. 누구나 교수는 될 수 있지만, 명예퇴직 후 누구나 다 현장에 있지는 않다. 체력적으로 힘들고 젊은 세대들과 소통하기 위해서 꾸준히 공부도 해야 하기 때문이다. 우리는 다양한 이유로 현장에서 물러서게 된다. 나는 과거에 살기보다는 현재에 살아가는 사람이고 싶다.

자신의 자리에서 자신의 역할을 성실히 실천하면서 말보다 행동으로 보여주는 어른이 되고 싶다. 그것은 말처럼 쉽지 않다. 누구나 늙어가지만 진짜 어른이 된다는 것은 어려운 일이다.

중년으로 가장 행복한 시간을 보내고 있는 나는 철학자 김형석 씨와 우리 엄마처럼 자신의 자리에서 건강하게 잘하는 일보다는 좋아하는 일을 하는 그런 어른이 되고 싶다. 불안한 미래에 두렵고 겁나지만, 작은 목표를 설정하여 작은 삶의 변화를 하나씩 이루어 나갈 것이다.

나의 중년 친구들도 각자만의 롤 모델을 찾아보길 바란다. 그리고 각자의 꿈을 키울 수 있기를 바란다.

나만의 직업 & 브랜드 만들기

누군가에게 우연히 받은 명함.

단순 타이핑 대신 해드립니다. (한글, 영어)

전화번호: 010-XXXX-XXXX

이름: 김OO

이게 다였다. 아이디어가 너무 참신했다.

이 명함을 본 순간 얼마 전 만난 지인 P가 떠올랐다. 그녀는 나에게 아들 청첩장을 건네며 식사 대접을 했다. P의 아들은 결혼식을 올리고 부모와 함께 살 계획이라고 한다. 맞벌이 부부라 손주를 봐달라는 것이다. 기가 막힌다. 요즘은 결혼하면 아이를 낳지 않거나, 아이를 낳으면 아이가 클 때까지 부모와 같이 사는 경우를 종종 볼 수 있다. P는 맞벌이하는 아들 부부와 같이 살기 위해 기꺼이, 거금을 들여 자신들이 사는 집을 재건축하고 있다.

"왜 그러세요? 독립시키시지."

P는 결혼과 동시에 전업주부로 사느라 자기 인생 한번 못 살았다고 했다. 이제 자유로울 수 있는데, 왜 그 힘든 일을 다시 시작하려고 하느냐는 나에게 본인은 현모양처가 꿈이었다고 한다. 그녀는 남편 내조하고, 아이들 키운 일이 행복했다고 한다.

자신은 꼭 밖에서 사회생활을 해야만 성공한 인생이라고 생각하지 않는다며 근무 시간과 급여, 그리고 일의 범위까지 구체적으로 항목을 정해서 며느리와 근로계약서를

쓸 예정이라고 한다. 토요일과 일요일은 자유다. 누구보다
도 잘할 수 있는 일을 해서 자식에게 도움을 줄 수 있어 행
복하다고 한다. 공짜로 해주는 것도 아니고 급여를 받으며,
당당하게 시작하는 새로운 직업이라 설레기까지 하다고
한다. 머지않아 P의 새로운 명함을 받게 되지 않을까?

아이를 돌봐드립니다.

나도 나만의 브랜드를 만들고 싶어졌다. 나만의 퍼스널
브랜드. 나를 대표하고 나를 잘 표현할 수 있는 이미지는
무엇일까? 스타벅스, 애플처럼 딱 각인되는 이미지가 필요
하다.

돌봄 전문가 백미경
전 생애를 아우르는 소통의 돌봄 전문가

우선 나를 대표할 단어는 소통과 돌봄으로 잡았다. 열
심히 배우고 노력하여 나만의 브랜드를 구체화해 보아야
겠다.

우리는 원하고 바라면 무엇이든 할 수 있다. 그러나 머릿속에서 계획만 하다가 이 나이에 못 할 것 같아서 그냥 마음속에서 지우곤 한다. 바라고 원하는 목표가 있다면, 먼저 종이에 적어보자. 그리고 그냥 해보자. 이런 단순한 행위가 우리에게 틀림없이 더 나은 기회를 줄 것이다.

나를 위한 공부하기

시대가 달라지고 있다. 지금 가지고 있는 나의 직업이 나의 노후를 책임지는 시대가 아니다. 과거에는 한 개의 직업을 가지고 살아왔지만, 이제는 여러 개의 직업을 가지고 살아가야 한다. 그러기 위해선 자기에게 필요한 공부를 해야 한다. 학교, school의 어원은 고대 그리스어로 'Schole'. '한가함', '조용하고 평화로운 자유시간', '여가'를 뜻한다. 중년, 은퇴 이후의 삶은 나만의 '학교'에서 '조용하고 평화로운 자유시간'을 즐겼으면 좋겠다. 그래야 오랫동안 즐거울 수 있기 때문이다.

돌봄 석사를 졸업한 후 박사과정을 생각했지만, 아들이 취업을 준비해야 하고 그러다 혹시 유학이라도 가게 되면 경제적 지출을 피할 수 없으니, 박사과정은 우선 보류하기로 했다. 그런데 우연히 아는 원장님이 심리 재활 공부를 하신다는 얘기를 듣고, 귀가 팔랑거리기 시작했다. 돌봄 석사과정에서 미술 심리를 재미있게 공부했기에 심리 재활학과는 나의 호기심을 자극했다. 장학금 제도가 다양한 것도 마음에 들었다. 식구들은 나의 도전에 놀랐다. 또? 걱정스러운 질문에 이번 등록금은 학자금 대출을 받아서 시작할 거니 걱정하지 말라고 했다. 내가 취직해서 갚을 테니!

제2의 인생을 위하여 또다시 찾은 학교. 오십이 넘어 다시 찾은 학교는 20대 때의 학교와 다른 곳이었다. 학교 도서관에는 나보다 더 연배가 있어 보이는 학생들이 공부하는 모습도 간간이 볼 수 있었다. 저 나이에 무슨 공부를 하려고 왔는지는 모르겠지만, 그들을 보면서 진한 동지애와 나도 할 수 있다는 자신감을 느낄 수 있었다. 자식뻘인 동기생들과 세대 간의 격차를 줄이기 위해서도 애쓰고 있다. 타의가 아니라 내가 주도적으로 선택한 공부이기에 지치거나 힘들지 않다.

나는 졸업 후 돌봄과 관련된 돌봄 책방을 오픈하는 것이 최종목표이다. 그곳은 나의 놀이터이며, 우리 중년의 놀이터가 될 것이다. 영유아에서 출발해 노인에 이르기까지 전 생애의 돌봄을 아우르는 공간이 될 것이다. 그 공간이 세대 간의 소통의 창이 되길 희망한다.

부채 정리 & 경제적 독립하기

노후 준비 1순위는 경제적 독립이다. 나의 친정 부모는 아주 부자는 아니지만, 자식에게 경제적으로 의지하지 않는다. 그런데 부모님의 생활비를 지원해 주는 친구들도 있다는 것을 최근에야 알았다. 생활비를 보내드리고 나면, 당연히 가족 생활비가 빠듯하고 그런 문제가 부부 싸움의 시작이 되기도 한다.

노후는 막연한 이야기가 아니라, 조금 있으면 닥칠 나의 현실이다. 늙는 것이 불행이 아니라, 준비 없이 늙는 것이 불행이다. 나이 오십에 여유자금을 넉넉히 모으는 것은 힘들 수 있다. 그래도 부채는 정리하고 노년기를 맞이하기를 바란다.

나에게도 부채는 있다. 우리 친정엄마는 이해할 수 없는 부채이다. 돈 무서운 줄 모르고 펑펑 써댄다고 걱정한다. 너무나 억울하다. 시대가 달라졌는데 그것을 이해 못 한다. 아들은 골프 전공, 딸은 미술 전공. 그러니 돈이 얼마나 많이 들었겠는가? 일반 직장인 월급으로는 감당하기 힘들었다. 대출을 받아 가며 허리띠를 졸라맸지만 버거웠다. 딸아이는 예고를 가고 싶어 했지만, 포기해야 했다. 그나마 큰아이가 대학교 1학년 1학기를 마치고 군대에 가줘서 작은아이 학원비를 감당할 수 있었다.

어느 학원에서 들은 이야기가 있다.
"아이들 결혼 자금 대주지 마시고, 지금 공부하는 데 투자하세요."

정말 결혼 자금은 대주지 않아도 될까? 그것이 '자식의 미래를 위한 투자이자 어머님 미래를 위한 투자'라는 학원 컨설턴트의 말이 정말일까? 호랑이 담배 피울 적 이야기 다. 우리는 자식이 부모의 미래가 될 수 없는 현실에 살고 있다. 남편과 나는 기대도 하지 않는다. 우리 부부가 자식 에게 하는 투자는 여기까지다. 우리는 아이들을 위해 나름 대로 최선을 다했다.

이제 우리는 남편이 일을 하는 동안 부채를 최대한 빨리 정리하는 것이 목표이다. 그것만이 우리의 미래이다.

하루에 하나씩 비우기

친한 친구 T는 시아버지 장례식을 치르고 유품을 정리하면서, 자신이 세상을 떠나고 난 후, 남겨질 흔적에 대하여 생각하게 되었다고 한다. 시아버님은 워낙 성품이 단정하고 소박하셨다고 한다. 떠날 것을 미리 아신 것처럼, 정리가 다 되어 있어 자식들이 수월하게 아버님을 보내드릴 수 있었다고 한다.

그런데 T가 본인이 세상을 떠났을 때를 가정하고, 집안을 둘러보니 필요 없는 물건이 너무나 많은 것이다. 이 물건들을 내 자식이 정리할 수 있을까? 얼굴도 모르는 타인이 정리할 수도 있다. 그런 생각이 든 순간, 소름이 목덜미를 타고 온몸을 휘감아 정신을 차릴 수 없었다고 한다. 그날 이후로 친구는 정리하고, 버리는 습관을 갖기 위해 노력한다고 했다.

하루에 하나씩 필요 없는 물건을 버리고, 일주일에 한 번씩 공간 하나를 정해 청소하기 시작했다. 그렇게 냉장고 음식, 싱크대, 책상 서랍, 옷장 정리를 해도 하루에 한 개 이상 버릴 게 많다고 한다. 이렇게 쓰지 않는 물건을 버리고 정리하면서 내가 무엇을 좋아하고, 무엇을 싫어하는지 본인에 대해서 더 잘 알게 되었다고 한다. 정리하고 싶어도 비싸게 주고 산 물건이라 버리기 아까운 물건을 보면서 물건을 허투루 사지 않게 됐다고 한다.

필요 없는 가구도 하나씩 없애면서 공간이 넓어졌고, 집이 정리될수록 집에 대한 애착이 커졌다고 한다. 예전에는 책상에 앉아 있으면 청소해야 할 것들이 눈에 들어와 집중하기 힘들었다면, 이젠 책상에 앉아 자신을 돌아볼 수 있는 시간이 길어졌다고 한다. 그리고 이렇게 주변을 정리하며 느낀 것이 있었다고 한다. 우리는 알게 모르게 너무 많은 것에 에너지를 뺏기고 있다는 사실이다. 꼭 눈에 보이는 물건뿐 아니라 나의 감정, 주위에 있는 사람들도 마찬가지이다.

친구는 나에게도 '쓰지 않는 물건 버리기'를 시작해 보라고 했다. 본인이 직접 해봐야지만 알 수 있다고.

나만의 취미 만들기

　백수 아닌 백수가 된 후, 정말 한동안 우울감과 상실감에 빠져 나를 위로해 주기 위한 보상의 행위로 침대에서 내려오질 않았다. 누구도 만나지 않았고 문밖으로 나가지 않았다.

　나름 꾸미기도 좋아하고 예쁜 옷 입는 재미로 직장을 다녔던 나인데, 거울도 쳐다보지 않았다. 그러던 어느 날 우연히 거울에 비친 모습은 내가 아니었다. 누구세요? 정신이 번쩍 들었다. 그 길로 운동복으로 갈아입고 탄천을 걸

었다. 오랜만에 하는 산책에서 바람도 느끼고, 햇살의 따스
함도 느꼈다. 한참 동안 계절을 느끼고 집으로 돌아왔다.
그날 이후로 정신적 백수 생활을 청산하기로 했다. 내가
좋아하는 침대 생활은 5분 정도로 만족하고, 다른 좋아하
는 것을 찾아보았다.

　심리 재활치료 공부를 하면서 알게 된 동생 Y는 장애를
가진 아이를 키우는 엄마였다. 워킹맘으로서의 힘듦, 지적
장애 아이를 돌보는 일은 엄청난 노동이 필요하다. 하지만
그녀는 장애를 가진 아이의 부모로서 아이에게는 헌신적
이지만, 정작 자신을 돌보는 시간을 거의 갖지 못하는 상
황이었다. 그렇게 육체적, 정신적 스트레스는 한계점을 넘
어서게 되고, 그녀는 모든 것을 내려놓으려고 할 때 회사
동료가 마라톤을 제안했고, 살기 위해 지푸라기라도 잡는
심정으로 달리기를 시작했다고 한다.

그렇게 시작한 달리기는 이제 Y를 살아 있게 하는 원동력
이 되었다. 그녀는 달리는 순간만큼은 온전히 자기 자신에
집중할 수 있다고 한다. 마라톤이라는 취미가 생기면서 Y

는 일상의 스트레스 해소뿐 아니라 자신의 아이와 관계도 좋아졌다고 한다.

'Y는 자신의 행복을 위해서 앞으로도 계속 달릴 것이다.'

나도 Y처럼 내 삶을 변화시킬 취미를 찾고 싶었다. 내가 좋아하는 것을 찾아도 좋고, Y처럼 누군가의 추천으로 우연히 발견한 일이어도 괜찮을 것이다. 나는 그림 그리기를 좋아한다. 아니 물감의 색깔을 좋아한다. 그림 위에 색깔을 입혀 자신의 느낌으로 변화하는 것을 좋아한다. 연필로 그려진 꽃은 생동감 없는, 그냥 꽃 그림이지만 노란색이 입혀지면 개나리가 될 수 있고 내가 좋아하는 프리지어도 될 수 있다. 그럼, 이제 내가 좋아하는 그림 그리기를 다시 시작해 볼까. 나만의 그림책을 만들어 볼 수 있다면 더욱 좋을 것 같다.

셀프 돌봄 TIP. 나의 중년 로드맵 세워보기

♥ 10년 인생 로드맵 예시>

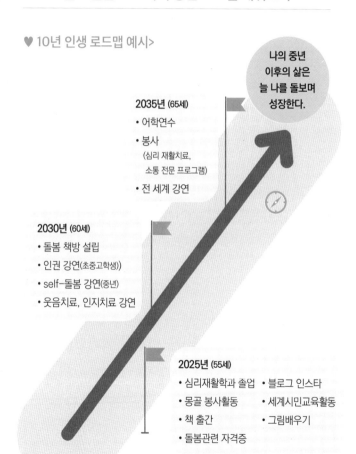

나의 중년 이후의 삶은 늘 나를 돌보며 성장한다.

2035년 (65세)
- 어학연수
- 봉사
  (심리 재활치료,
  소통 전문 프로그램)
- 전 세계 강연

2030년 (60세)
- 돌봄 책방 설립
- 인권 강연(초중고학생))
- self-돌봄 강연(중년)
- 웃음치료, 인지치료 강연

2025년 (55세)
- 심리재활학과 졸업
- 몽골 봉사활동
- 책 출간
- 돌봄관련 자격증
- 블로그 인스타
- 세계시민교육활동
- 그림배우기

나의 10년 인생 로드맵을 계획해 보자

♥ 현재 :

♥ 5년 후 :

♥ 10년 후 :

━━━━━━━━━━━━━━━━━━━━━━━━━━━━━━━━━━━

━━━━━━━━━━━━━━━━━━━━━━━━━━━━━━━━━━━

━━━━━━━━━━━━━━━━━━━━━━━━━━━━━━━━━━━

━━━━━━━━━━━━━━━━━━━━━━━━━━━━━━━━━━━

━━━━━━━━━━━━━━━━━━━━━━━━━━━━━━━━━━━

━━━━━━━━━━━━━━━━━━━━━━━━━━━━━━━━━━━

━━━━━━━━━━━━━━━━━━━━━━━━━━━━━━━━━━━

♥ 최종 목표 :

━━━━━━━━━━━━━━━━━━━━━━━━━━━━━━━━━━━

━━━━━━━━━━━━━━━━━━━━━━━━━━━━━━━━━━━

━━━━━━━━━━━━━━━━━━━━━━━━━━━━━━━━━━━

━━━━━━━━━━━━━━━━━━━━━━━━━━━━━━━━━━━

━━━━━━━━━━━━━━━━━━━━━━━━━━━━━━━━━━━

━━━━━━━━━━━━━━━━━━━━━━━━━━━━━━━━━━━

━━━━━━━━━━━━━━━━━━━━━━━━━━━━━━━━━━━

━━━━━━━━━━━━━━━━━━━━━━━━━━━━━━━━━━━

5장

함께 돌봄으로
삶을 완성하다

"우리는 누군가에게 돌봄을 받거나,
누군가를 돌보며 살아간다.
각자의 자리에서 서로 주고받으며
'함께하는 돌봄', 그것이 가장 자연스럽고
성숙한 돌봄이다."

나의 돌봄은
어디에서 찾을 수 있을까?

우리의 노후는 부모 세대처럼 자식에게 부양 돌봄을 받으며 팔십쯤 삶을 마무리할 줄 알았다. 그러나 이제는 운이 좋으면 100세를 거뜬히 살아 내야 하고, 자식의 부양은 기대할 수 없는 상황이다.

남편과 우리 노후에 대해, 이야기 나눈 적이 있다. 나는 남편이 먼저 죽으면 실버타운으로 들어갈 거라고 했지만, 남편은 나와 생각이 달랐다. 남편은 내가 죽으면 혼자 살거라고 한다. 실버타운 같은 데는 자율성이 보장되지 않고,

규칙도 지켜야 해서 불편할 것 같다며 몸이 허락하는 한 살던 집에서 인생을 마무리하고 싶다고 한다. 몸이 아파지면 실버타운 갈 돈으로 집에서 간병인 돌봄을 받기를 바란다고 말한다. 내 몸이 건강한데 왜 굳이 거길 들어가냐며, 공동체 생활은 군대 생활로 족하다는 것이다. 항상 자신이 나보다 먼저 갈 거니 걱정하지 말라고 하지만, 그게 본인 뜻대로 되어야 말이지….

은퇴 후 노인들은 어디서 살기를 원할까? 대다수 노인은 살던 집에서 늙어가기를 희망하고 있다. 보건복지부가 실시한 노인실태조사(2020)에 따르면 응답자의 83.8%가 건강이 유지된다면 현재 집에서 계속 거주하기를 희망한다고 응답했다. 거동이 불편하게 되었을 때, 어떻게 하고 싶냐는 질문에서도 전체 응답에 55%가 돌봄서비스를 받으며 집에서 계속 살고 싶다고 답했다. 돌봄, 식사 등 서비스가 제공되는 노인 요양시설에 들어가겠다는 응답자 비중은 32%로 두 번째로 많았다.

우리가 마지막으로 살 동네를 찾는 것도 남편이 여행을

다니는 이유 중 하나다. 경기도 외곽지역의 주거환경, 대형 마트, 종합 병원, 복지시설 등 인프라도 살펴보고, 충청도, 강원도, 전라도 쪽도 두루두루 살펴보고 돌아온다. 전북 고창에 은퇴자 마을이 있다. 고급 빌라, 황토 펜션 등 주거환경이 갖춰져 있고 준종합병원도 있으며 온천, 골프장, 명상센터, 마트, 은행 등 편의시설도 존재한다. 한적한 시골 마을 같지만, 기업이 노인들을 위해 조성한 주거 공간으로 실버타운 중 한 종류이다. 이렇게 노인들만의 공간으로 구분 짓기보다 마을 속에서 모든 세대가 어우러져서 살아가는 형태였으면 좋겠다.

하지만 난 도시가 좋다. 지방 한적한 곳에 세상과 분리된 느낌이 싫어서 나는 남편과는 다르게 도심 속에 있는 실버타운을 찾아보고 있다. 병원도 가깝고 다양한 문화시설도 있고, 여러모로 생활하는 데 불편함이 없는 도시가 좋다. 그리고 누군가 해주는 세끼 밥을 먹을 수 있는 것만으로도 행복하다. 김치에 물 말은 밥도 괜찮다. 오늘은 뭐 해 먹을까? 하는 고민만 덜어줘도 만족한다. 누군가 청소도 해주는 공간에서 아침을 맞이하는 것도 좋다. 나한테만 집중할 수 있는 시간도 행복하다. "오늘 저녁은 뭐야?" 남편의 말 한마디는 나를 숨 막히게 한다. 내가 편한 꼴을 못 보지. 그래서 나의 남편은 실버타운을 생각지도 않는 거다. 이것 또한 맘이 맞지 않는다. 역시 우린 로또 부부다. 27년을 같이 살아가도 뭐하나 딱딱 맞지 않으니.

요즘 실버타운은 호텔급 서비스와 의료서비스까지 받을 수 있다. 사회복지사, 간호사, 영양사, 조리사, 간병인 등 돌봄에 필요한 환경과 그에 맞는 다양한 전문가 있어 본인에게 맞는 맞춤형 혜택을 누릴 수 있다. 그러나 가격이 만만치 않다. 자격 대상 나이도 60세부터 80세까지 건강한 중장년으로 한정되어 있다. 그 이상의 나이가 되거나 몸이 불편하면 실버타운에서 나가야 한다. 노인 공동생활 가정도 있다. 그곳은 일반 우리가 사는 집에처럼 익숙한 공간에서 생활하는 것이 장점이다. 그다음 단계는 요양원이나, 요양병원이다. 그곳도 가격에 따라 서비스나 혜택이 천차만별이니, 미리미리 정보를 얻어 준비해야 한다.

이제 중년의 우리는 내가 어디서 살다가 죽음을 맞이할

지 선택해야 한다. 남편처럼 자기 집에 간병인을 둘 수도 있고, 나처럼 실버타운일 수도 있고, 마음 맞는 친구들과 함께하는 공동하우스이거나 노인 공동생활 가정일 수도 있다. 지금 우리의 노후는 가족이 있는 집이 아니라, 요양병원이나 요양원에서 삶을 마무리할 수 있음을 인지해야 한다.

자식만 가족이 아니다

    얼마 전 병문안을 두 번이나 다녀왔다. 친구 E의 딸이 병
원에 입원하였고, 지인 F의 친정엄마도 병원에 입원하였
다. E와 F 둘 다 피곤함에 지쳐있었다. 입원한 환자만큼이
나 환자 같은 몰골로 나를 맞이했다. 엄마에게 간호받는
딸은 본인 아픈 것만 신경 쓴다. E는 힘들어 보였지만, 딸
걱정뿐이다. 딸을 향한 헌신적인 부모 사랑을 볼 수 있었
다. 딸에게 간호받는 F의 친정엄마는 딸에게 미안해 어쩔
줄 몰라 한다. F 또한 부모 병간호가 너무 힘들어 간병인을
구하고 있다고 한다. 퇴원 후에는 친정엄마의 거처가 문제

다. 몸이 회복될 때까지 요양병원이나 요양원으로 모시고 싶으나 죽어도 당신 집으로 간다고 억지를 피우시는 엄마 때문에 F는 머리가 아픈 모양이다.

F의 친정엄마도 젊은 시절 F가 아팠을 때, 뜬눈으로 밤을 지새운 적이 한두 번이 아닐 것이다. 나도 내 자식을 그렇게 키우고 있고, 내 친구도 그렇게 자식을 키워내고 있다. 하지만 그렇게 우리를 키운 부모를 모시는 일은 쉽지 않다. 한두 달 내 집에서 부모와 함께 생활한다는 것이 말처럼 쉬운 것이 아니기 때문이다. 이래서 내리사랑은 있어도 치사랑은 없다고 하나 보다. 하지만 이건 사랑의 문제만은 아니다.

요즘 집에는 사람이 없다. 부모를 부양할 가족이 없다는 말이다. 빈집에는 반려동물과 로봇청소기만 살아 움직일 뿐이다. 아무도 없는 집에 아픈 부모만 두는 것은 돌봄이 아니라 학대이다. 요양보호사 지원도 하루 최대 4시간만 받을 수 있다. 4시간에도 한 달에 10만 원 정도의 자기부담금은 발생하고, 4시간 이후는 추가 비용이 발생한다. 요양보호사와 일정도 맞추어야 한다. 일정 조율이 안 되면 다른 요양보호사가 선정될 때까지 몸이 불편한 노인은 혼자 지내야 한다. 그나마 요양보호사 지원도 조건이 되어야 받을 수 있다. 이것이 노인의 현실이다.

결국 F의 친정엄마는 입주간병인과 함께 당신 집으로 돌아가셨고, 몇백만 원 이상의 비용을 자식들이 부담하기로 했다. 최선의 결정이었을 것이다. 실버타운은 억 단위의 보증금과 일이백을 훌쩍 넘는 월 부담금이 있다. 요양원이나 요양병원도 시설이 괜찮은 곳은 비용이 만만치 않아 자식들이 감당하기에는 부담스러울 수 있다. 입주간병인 돌봄이 언제까지 가능할지 장담할 수 없으나, F의 친정엄마는 혈연 가족의 경제적 후원으로 간병인이라는 또 다른 가족이 생겼다. 같이 밥도 먹고, TV도 보며, 산책도 같이하는 별다른 것 없는 일상을 함께할 간병인은 F 친정엄마의 남은 세월을 함께할 새로운 가족이다.

며칠 후, 친구는 친정집에 가서 청결해진 집안과 한결 밝고 건강해진 친정엄마의 모습에 깜짝 놀랐다고 한다. 간병인과 집 앞 탄천 산책도 하고, 대형마트에 가서 반찬거리도 직접 고르며, 독립적으로 생활을 한다고 한다. 그전의 자신에게 의존만 하는 엄마가 아닌, 간병인과의 생활에 만족해하며 시간을 보내고 계셨다. F는 살짝 간병인에게 질투 아닌 질투를 느끼며 집으로 돌아왔다고 한다. 이렇게 우리는 자신의 상황에 맞게 가족을 만들어 가고 있다.

반려동물,
친구도 가족이 되는 시대

요즘 직계가족이 아닌 반려동물에게 유산상속을 하겠다는 뉴스가 인터넷을 달구고 있다.

2019년 사망한 프랑스 명품 샤넬의 디자이너 칼 라커펠트는 자신이 기르는 버마고양이 슈페트에게 120만 파운드(약 21억 원)의 유산을 남겼다. 지난해 세상을 떠난 코미디언 폴 오그레디의 장례 행렬에서는 반려견 몰티즈가 선두에 섰으며, 그의 강아지 5마리가 12만 500파운드(약 2억 원)의 유산을 받았다고 한다. 상하이에 거주하는 류 씨는 자신이 아플 때 돌봐주기는커녕 연락도 하지 않은 자식 대신 자기 곁을 지켜준 반려견, 반려묘에게 37억 원에 달하는 재산을 주겠다고 유언장을 수정했다.

자식도 아니고, 친인척도 아닌 반려동물에게 본인의 전 재산을 상속한다는 말도 안 되는 일이 벌어지고 있다. 얼마나 속상하고 괘씸하면 그런 결정을 내렸을까 싶지만, 동물에게 유산을 상속한다는 소식은 강아지를 키우지 않는 나에게는 정말 충격적인 뉴스였다. 이렇게 가족 문화가 달라지고 있다니. 결혼을 하지 않고 강아지랑 가족을 이루며 사는 혼펫족, 결혼은 했지만 자녀보다는 강아지를 선택하는 딩펫족과 같은 가족 형태가 생겨나고 있다.

은서란 작가의 에세이 『친구를 입양했습니다』에서는 조금 특별한 입양 가족 이야기를 다루고 있다. 이웃집 친구와 매일 저녁을 같이 먹고 자주 왕래하다 이 친구와 평생을 같이하고 싶어 친구를 입양해 가족이 되기로 한다. 법적으로는 친구와 부모-자식 관계를 맺고 실제로는 동반자로 가족제도 안에서 평등한 권리와 혜택을 누리는 것이다.

친구에게는 엄마가 한 명 더 생겼고, 은서란 작가에게는 친구 같은 딸이 생긴 것이다. 아직은 편견 어린 세상에서 조금 불편하겠지만, 서로에게 부족한 부분을 채워가며, 노후를 같이 보낼 법적 보호자로 인연을 맺기로 한 두 사람. 본인보다 5살 어린 성인을 딸로 입양하는 법적 절차는 동거인을 가족으로 인정받는 것보다 훨씬 수월하고, 어렵지 않았다고 한다. 그녀는 결혼하지 않고도 친구와 법적인 불이익 없이 서로를 돌보며 노후를 보낼 수 있다는 것에 만족했으며, 감사해했다.

앞으로는 지금 우리가 맺고 있는 관계보다 더 다양한 관계 속에서 살아가게 될 것이다. 배우자나 자녀가 곁에 없는 사람도, 결혼에 관심이 없는 비혼주의도 외롭지 않을 권리, 돌봄을 받을 권리를 보장받아야 한다. 수직적, 일방적 돌봄이 아닌 평등하고 다양한 돌봄을 인정하고 존중해야 한다.

가족은 싫지만,
함께 하고 싶어서

　나보다 5살 많은 지인 G와 나는 우리 큰아들 초등학교 모임에서 만나 지금껏 인연을 이어오고 있다. 남편의 외도로 이혼하고, 혼자 늦둥이 아들을 애지중지 여하튼 유별나게 키우고 있다. 얼마 전 10년을 만난 남자친구가 G에게 호적을 합치자고 했다고 한다. 하지만 G는 아들과 둘만의 공간에 남자친구가 들어오는 것이 불편했다. 부모의 이혼으로 불안정한 유년 시절을 보낸 아들에게 아들의 의사와 상관없는 새로운 할아버지, 할머니와 고모까지 생기게 하고 싶지 않았다. 아들이 독립할 때까지는 남자친구와 지금처럼 친구로 지내고 싶은 마음이라고 했다. 혹시 결혼하더라도 지금처럼 각자의 집에서 살아도 되는 걸까? 고민이 된다고. 이런 상황을 G의 남자친구와 가족이 이해할까?

세상의 편견과 정책의 불평등, 세금과 주거 혜택, 병원에서 수술동의서와 연명치료 동의서, 사망 이후 장례 문제까지. G는 법정 보호자가 필요한 불평등한 제도에 어쩔 수 없이 자신을 또다시 가족이라는 틀에 밀어 넣어야 하는 것인지 화가 난다고 했다. 결국 G는 대한민국의 불평등한 제도로부터 남자친구를 보호하기 위해 남자친구의 법적 보호자로 인정받기로 했다. 아들이 독립할 때까지 당분간 지금처럼 지내는 조건으로 G는 남자친구와 호적을 합쳤다. G와 남자친구의 주도적 결정은 아니지만, 그래도 나는 G의 두 번째 결혼을 축하하며 남은 시간 행복하게 오래오래 살기를 기도한다.

국가는 가끔 시민들의 안전을 핑계로 평등성과 자율성에 한계를 두는 규정으로 우리를 구속한다. 결혼을 하고 아이를 낳고 살지, 아이 없이 살지, 결혼을 한 번 할지 두 번 할지, 아니면 사랑하는 연인이지만 제도적 결혼이 아닌 동거를 선택할지, 반려동물과 같이 살지, 혼자 살지 결정하는 건 개인의 선택이다. 개인의 영역에 제도적 불이익을 주는 국가의 개입이 있어서는 안 된다고 생각한다.

사라지는 가족과 이웃들

'빨리 가려면 혼자 가고 멀리 가려면 함께 가라'는 아프리카 속담이 있다. 왜 굳이 혼자 가면 빨리 가는데, 함께 가야 하는지 이해를 못 하는 사람들도 있다. 함께하는 것은 느리고 불편하다. 혼자 하면 빠르고 자유롭다. 자신 삶의 가치와 존중을 제일 중요시하는 세대들은 누군가의 간섭과 방해를 받지 않기 위해 혼자이길 선택하지만, 1인 가구의 고립과 외로움, 아무도 모르게 홀로 죽음을 맞이하는 고독사 등 또 다른 사회적 문제가 나타난다. 혼자 있는 시간이 필요하고, 그 시간을 즐길 줄 알아야 한다. 그렇지만 인간은.혼자 살 수 없다.

우리 집은 주택이다. 젊은 청년 혼자 사는 가구도 있고, 젊은 여성 둘이 살거나 중국에서 온 모녀도 살고 있다. 할머니 혼자 사는 원룸도 있다. 이렇게 다양한 가구들이 살고 있다. 언젠가부터 우리 가족처럼 엄마, 아빠, 자녀로 이뤄진 가족보다는 1인 가족이거나 한 부모, 반려견과 사는 가구가 눈에 띈다.

상점가에도 많은 변화가 생겼다. 무인카페, 무인 아이스크림 가게, 무인 문방구 등 상가 안에는 사람 대신 키오스크가 '열일'하고 있다. 언제 이렇게 세상이 변한 걸까? 스마트폰이 디지털 문화의 시초였다면 코로나19는 최첨단 스마트 시대로 자리매김하는 기폭제였다. 코로나19는 디지털 문화의 급속한 발전뿐 아니라 국가 경제에도 큰 영향을 주었다. 소상공인들의 부도와 각 가정의 경제적 위기는 불안, 우울증뿐 아니라 가장의 자살, 이혼 등 파국으로 치달았다. 사람들은 결혼이 아닌 혼자 살아가는 삶, 비혼주의, 1인 가족, 동거가족을 선택하게 되었다.

불과 5년 사이에 이웃들의 모습도 달라졌다. 우리 동네도 아이들보다 어르신 모습이 더 많이 보인다. 그나마도 길거리를 오가는 사람들이 부쩍 적어졌다. 작은 슈퍼마켓은 편의점이 대신하고 가게마다 키오스크, 집 문 앞에는 CCTV가 붙어있다. 너무나 자연스럽게 아날로그에서 디지털로 바뀌었다. 사람과 사람이 함께하는 세상이 누군가의 간섭, 불편한 오지랖처럼 느껴지는 세상이다. 누군가의 관심보다 혼자가 살기가 편한 세상에 나도 어느새 적응하고 있다.

벼랑 끝에 선 돌봄

"혼자 살던 60대 여성이 숨진 지 다섯 달 만에 발견되었습니다."

"79세 장 모 씨가 혼자서 숨진 채 발견되었습니다."

고령자 1인 가구가 나날이 늘어나며, 노후 빈곤이나 질병뿐 아니라 노인 고독사가 꾸준히 뉴스에 등장한다.

"아까운 목숨을 저렇게 허망하게 가는구나!"

친정엄마가 혀를 차며 이야기를 이어간다. 복지관 친구인데 일주일 정도 얼굴이 안 보여 다들 걱정을 하였다고 한다. 엄마 연세의 친구분들은 "일주일 안보이고 한 달 정도 안 보이면 천국에 간 것이다"라며 다들 걱정을 하고 있는데, 낙상으로 인해 병원에 입원하셨다는 소식을 복지사를 통해 들었다고 한다. 화장실에서 일어나시다 다리에 힘이 풀려 주저앉으며 변기와 벽 사이에 몸이 끼어 옴짝달싹 못 한 것이다. 아무리 빠져나오려 해도 몸에 힘이 없어 빠져나올 수가 없었다고 한다. '이렇게 죽는구나!' 했다고 한다.

할머니를 살린 것은 휴대폰이었다. 분신처럼 들고 다녔던 휴대폰으로 119에 손수 전화를 걸었다고 한다. 왜 할머니는 자식에게 전화를 걸지 않고 119에 전화했을까? 세종시에 사는 딸에게 연락한다고 해도, 그녀가 아무리 서둘러 와도 몇 시간이 걸릴 것이고, 밤에 자고 있다가 놀랄 딸자식 걱정에 119에 전화했다고 한다. 이 사건 이후 할머니는 집으로 돌아가는 것이 두렵다고 한다. 남편이 떠나고 딸자식은 엄마에게 요양원을 권했지만 혼자 잘 살 수 있다고 큰소리쳤는데 결국 사달이 나고 말았다며, 남편과 같이 살던 이 집이 전 재산인데 이걸 팔고 요양원으로 들어간다는 것은 죽기보다 싫다는 것이다.

80세가 넘은 노인이 혼자 살아간다는 것은 결코 쉬운 일이 아니다. 수입도 없고 집도 없는 노인들은 거리를 돌고 돌아 결국 노숙까지 하게 되는 사연은 특별한 사람들의 이야기가 아니다. 우리에게 닥칠 수도 있는 노후의 모습이다.

몇 해 전 EBS에서 거리를 방황하는 노숙자들에 대한 다큐를 본 적 있다.

사립유치원 교사 출신인 J는 젊었을 때 안정된 직업을 바탕으로 경제적 여유가 있었으며 행복한 가정을 꾸리며 살았다고 한다. 노후 준비 없이 살게 되었으며 여러 가지 안좋은 상황은 도미노 게임처럼 연속으로 무너지기 시작하면서 그녀는 부산 쪽방촌 여인숙 단칸방에서 생활한다.

부산 쪽방촌 골목에 있는 허름한 여인숙에는 가난한 독거노인들이 살고 있다. 입구에 몇몇 이름이 적혀있다. 그들은 무연고자로 사망하여 납골당에 안치된 명단이라고 한다. 분명 부모, 형제, 친구가 있었을 텐데, 그들은 왜 여기

쪽방촌에서 고독하게 죽음을 맞이했을까?

1인 가족이 늘어날수록 고독사도 늘어난다. 고독사는 병들고 아픈 가난한 노인들만의 문제가 아니다. 사회에서 고립된 혼자 사는 젊은 세대들에게도 빈번히 발생한다.

인천에 사는 30대 남성 S 씨는 극단적 선택을 하고, 두달이나 지나 발견됐다. 그가 남긴 물품 더미에는 『서른엔 행복해지기로 했다』라는 책이 덩그러니 놓여있었다. 숨진지 일주일이 지나고 발견된 옥탑방에 살던 27살 여성 Y 씨의 집 벽 한쪽에는 '잘될 거야'라는 종이가 붙어있었다. 젊은 청년의 외로움, 고립된 삶 속에서 얼마나 행복해지고 싶었을지…. 누군가 손만 내밀었어도 아까운 생명이 이렇게 비참한 죽음을 선택하지 않았을 것이다. 가족이 있었을 텐데…. 친구라도 있었을 텐데…. 그들은 왜 잊혀진 사람이 되었을까?

고독사는 이제 남의 이야기가 아니다. 우리의 가족, 이웃의 이야기이다. 사람들과의 교류가 끊어지게 되면서 옆집에 누가 사는지도 알 수도 없고 관심도 없다. 돌봄이 필요한, 병들고 아픈 가난한 사람들이 고립된 삶을 살다가 죽음을 선택하는 것이다. 돌봄의 사각지대에 있는 사람들을 위해 새로운 제도와 관심이 필요할 때이다.

새로운 가족 찾기

불경기에 실업자가 넘쳐나고, 전문가들은 앞으로 성장이 더 나아지지 않을 거라고 말한다. 취업난과 조기 퇴직에 힘든 시대가 예상된다. 청년부터 노인까지 자기 한 몸 살아가기도 바쁜 현실이 펼쳐질 것이다.

몇 년 안에 노인 비중이 20%가 넘을 거라며 노년을 준비해야 한다는데, 막상 무엇을 준비해야 하는지 모르겠다. 혈연으로 연결된 가족, 특히 자식에게 기대할 수 있는 돌봄은 한계가 있다. 자기 코가 석 자인데 자식들에게 나의 노후까지 부담 주고 싶지 않다. 앞으로는 자식-돌봄의 빈 자리를 채울 수 있는 새로운 가족을 찾아야 한다. 그 가족은 친구일 수도 있고, 종교 단체나 공부 모임일 수도 있다. 어디서든 새로운 가족을 찾을 수 있다.

나에겐 혈연으로 맺어진 가족 말고 또 다른 가족이 여럿 있다. 그중 하나는 나의 어릴 적 친구 세 명이다. 그들은 혈연으로 맺어진 가족만큼이나 소중한 가족이다. 반평생 이상 나의 삶과 같이했고, 지금도 내 가족보다 더 많은 고민과 기쁨을 공유하고 있다. 앞으로 별일 없는 한 나의 노후는 그들과 보내지 않을까 생각한다.

두 번째 가족은 종교모임이다. 종교는 내가 세상을 살아가는 힘이다. 지금은 종교 생활에 많은 시간을 보내지는 않지만, 60대 중후반부터는 종교모임에서 많은 시간을 보내고 싶다. 종교 생활의 나눔을 통해서 행복과 기쁨을 누리는 노후의 삶을 영위하고 싶다.

자기 계발 모임도 나에게 있어 중요한 가족이다. 자기 계발 모임은 나를 돌아볼 수 있는 시간이며, 내가 아직 쓸만

한 존재임을 느끼는 시간이다. 내가 어린이집을 접었을 때, 좌절의 시간을 짧게 보내고 회복할 수 있었던 것은 자기 계발 모임 덕이다. 어떤 자기 계발을 할지 그때그때 상황에 따라 달라지겠지만, 꾸준히 이어나갈 것이다. 누구의 강요가 아닌 내가 선택한 배움으로 나를 계발하고 수익을 창출하고 지역 사회에 환원할 수 있다. 배움의 현장에서 만나는 다양한 사람들은 새로운 정보를 가진 나의 인적자원이며, 그들은 앞으로 나의 노년을 함께 할 또 다른 가족이 될 것이다. 그 새로운 가족들과 멋진 노후를 펼치기를 기대해 본다.

지인 K는 트로트 가수 팬덤 문화를 즐기며 제2의 인생을 다시 즐기고 있다. 딸아이가 티켓을 예매해 주면 친구들과 삼삼오오 모여 전국 방방곡곡 투어를 떠난다. 지역 팬들이 모여 교류도 한다. 새로운 사람들을 만나 그들과 뜨겁게 소통하며 같은 옷을 입고 같은 목소리로 응원하면서 자신이 살아있음을 느낄 수 있어 행복하다고 한다. 트로트 문화 속에서 동지들과 함께 즐겁게 늙어가는 지인의 용기에 나는 아낌없는 응원의 박수를 보낸다.

여러분에게도 당신을 지지하고 응원해 주는 다양한 가족이 있기를 바란다. 그 가족이 우리 친정아빠처럼 혈연으로 맺어진 가족일 수도 있고, 은서란 작가처럼 친구 관계의 가족일 수도 있다. 나처럼 동아리 모임을 통해서도 가족이 될 수도 있다. 다양한 가족 안에서 자신에게 맞는 맞춤형 돌봄을 선택하고 멋진 중장년의 삶을 살기를 바란다.

멋진 노인이 되고 싶다면 아직 오지도 않은 불안한 노후를 걱정만 하지 말고, 머릿속으로 계획만 세우지 말고, 행동으로 실천해야 한다. 자식보다 나를 더 사랑하고, 자식과 남편에게 투자한 것의 반만이라도 자신에게 투자하여 건강하고 성숙한 사람으로 거듭나길 바란다.

이제 우리는 각자 자리를 스스로 찾아가야 한다. 놓치고 있었던 나에게 필요한 돌봄, 나를 필요로 하는 돌봄을 살펴보자. 각자의 자리에서 서로 주고받으며 '함께하는 돌봄', 그것이 가장 자연스럽고 성숙한 돌봄이다.

함께 돌봄 TIP

노후에 내가 살 집 찾기

♥ 나와 남편이 찾은 노후에 살 집 예시

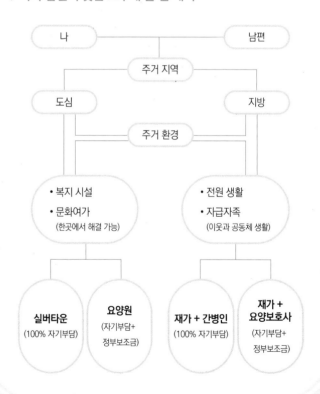

나에게 맞는 살 집을 찾아보자

♥ 주거 지역 :

♥주거 환경 :

♥ 주거 형태 :

♥ 필수 조건 :

♥ 예산 :

♥ 기타 :

♥ 최종 선택 :

실버타운 올가이드 참고

	실버타운 양로시설(유료) 및 노인 복지주택	양로원 양로시설 (무료, 실비)	요양원 노인 요양시설
입소 자격	– 만 60세 이상 – 단독 취사 등 독립 된 주거생활이 가 능한 자 – 건강한 노인	– 무료 이용시설 만 65세 이상 무연고자, 기초생활 수급자 – 실비양로시설 만 65세 이상 실비 보호 대상자	– 장기요양보험1~2 등급으로 시설 급여 판정받은 만 65세 이상 노인 – 요양3~5등급은 특별 사유 필요 – 가정에서 돌봄이 어려운 대상자
주거/ 형태	– 단독공간 가능 – 원룸 투룸 등	2인 이상 다인실	1인 이상 다인실
비용/ 부담	보증금 및 관리비 월 생활비 등 자기부담 100%	정부보조금 100% 지원 또는 실비 여건 에 따라 상이	국가 재정 지원과 본인 부담에 따라 이용
서비스	– 식사, 청소, 가사 할 동에 대한 서비스 – 문화 여가 및 편의 시설	– 식사, 청소 등 가사 활동에 대한 서비스 – 돌봄서비스	– 식사, 청소, 체위 변경 서비스 – 돌봄서비스

에필로그

팔십에도 나는 빛날 것이다

2044년 11월, 지금 시간은 아침 7시 5분 전.

약속 시간보다 30분 정도 일찍 도착했다. 출근길에 커피 주문하는 소리와 나의 키보드 자판 소리만이 매장 안에 들릴 뿐이다. 구석진 소파에 내 한 몸 의지하고 앉아 진한 커피 한 모금 목을 축이고 보니 아직 7시도 안 된 시간에 브런치 아닌 브런치를 즐기는 이는 나뿐이다.

커피를 주문한 젊은 청년들이 길게 줄 서서 커피를 기다

리는 모습. 너나 할 것 없이 한 손에 커피를 들고 나가는 모
습. 머리는 덜 말려도 아이스 아메리카노는 포기할 수 없
는 모양이다. 나도 저런 시절이 있었다. 그땐 나도 '얼죽아'
였는데. 얼마 만에 보는 출근길 모습인가? 어제저녁 뉴욕
에서 돌아온 내가 이 시간에 여기에 앉아 있는 이유는 한
통의 이메일 때문이다.

청년기를 넘어서고 중년기에 접어선 40대 K 씨. 그녀의
간절함은 차가운 온라인 글에서도 느껴졌다. 글쟁이가 되
고 싶어 잘나가는 기자 생활을 접었다고 한다. 기자 생활
을 하면서 얻는 현장 경험을 바탕으로 세상 살아가는 이야
기를 세상의 잣대가 아닌 자신만의 글로 쓰고 싶다는 사연
과 함께 원고를 보낸 것이다. 자신의 글을 세상의 편견과
틀에서 보지 않기를 바란다며.

이 글을 읽는 순간 20여 년 전 나의 모습이 떠올랐다. 『오
십, 다시 돌봄이 시작되었다』 이 책의 탄생은 엉뚱한 곳에
서 인연이 되었다. 2024년 7월. 책방 문을 연 순간 그곳은
내가 노년에 꿈꿔온 공간이었다. 사람 냄새가 나는 공간.

그 공간 지기는 나보다 서너 살 많은 중년여성이었다. 편안한 이미지와 달리 눈빛은 날카로웠으며 목소리는 나지막하면서 차분했지만, 힘이 있었다. 그녀는 나에게 몇 가지 질문을 했다. 20년이 지난 지금도 난 그 질문을 잊을 수 없다.

"당신의 책을 누가 읽었으면 좋겠나요?"
"돌봄의 새로운 교과서가 되었으면 좋겠어요."

우리가 생각하는 틀에 박힌 지침서, 원칙적인 교과서는 아니다. 나의 책은 수학처럼 공식과 답이 딱 떨어지는 그런 과목이 아니다. 우리가 살아가는 일상생활의 사례를 토론하고 사고를 확장하였으면 한다.

지금 생각하면 얼마나 어이없는 답인가! 무슨 한풀이 하듯이 억울한 나의 오십을 쏟아 내었다. 그녀는 아무 말 없이 나의 울분을 들어주었다. 그리곤 두 번째 질문을 했다.

"이 책이 어디에 있었으면 좋겠나요?"

난 이 질문에 대답하지 못했다. 거기까지 생각하지 않았다.

"책은 누구나 쓸 수 있지요. 이 책을 누가 읽을지 대상을 두고 그 사람에게 이야기하듯이 쓰세요. 당신의 책을 읽은 사람 중 한 명이라도 감동하면 성공한 겁니다."

그렇게 『오십, 다시 돌봄이 시작되었다』가 탄생되었다. 그녀는 별 볼 일 없는 경력 단절 중년여성에게 그야말로 빛나는 노년을 꿈꾸게 해주었다. 출간 2년 후 나는 경기도 어느 작은 마을에 돌봄 책방을 열었다. 그곳 제일 좋은 자리에 『오십, 다시 돌봄이 시작되었다』가 꽂혀있다. 그녀의 두 번째 질문의 답이다. 나의 책은 사람들 속에 있다.

오십의 억울함을 아무 말 없이 잔잔한 미소로 들어준 그녀는 신체적으로 건강하시만, 불안했던 나의 정서를 돌봐 준 것이다. 다시 일어나 사회로 돌아갈 수 있도록 나에게 에너지를 지원해 준 것이다. 이것이 진정한 돌봄이다.

나도 지금 그녀와 같은 일을 하고 있다. 전문 분야는 다르다. 나는 소통 돌봄 전문가로서 나의 도움이 필요한 곳에 돌봄을 주고, 나도 돌봄을 받으면서 나의 또 다른 청춘을 보내고 있다. 나는 아무리 바빠도 일주일에 3일은 돌봄 책방에서 사람들과 시간을 보낸다. 팔십이 된 내가 이렇게 빛날 수 있었던 것은 그녀의 선한 영향력 때문이었다.

이제 내 나이는 팔십이다. 2024년 7월, 아빠 돌봄 때문에 자신의 인생을 포기했던 엄마와 같은 나이가 되었다. '가족'을 돌보느라 정작 자신의 돌봄을 포기했던 엄마. 난 그런 엄마의 팔십 인생과 전혀 다른 삶을 살아가고 싶다. 2024년엔 팔십 하면 현직에서 물러나 뒷방 늙은이로 생활하는 사람이 많았다. 현직에서 활동하는 이들이 별로 없었다. 그러나 지금은 팔십, 구십, 백 세도 청춘이다.

식어버린 커피를 리필하기 위해 출근길 젊은 청년들 속에서 나의 순서를 기다리고 있다. 내 앞 백발의 여자도 한 손엔 텀블러를 들고 예쁜 강아지 한 마리와 함께 커피를 기다리고 있다. 그녀와 눈인사하고 각자 꿈꾸는 아침을 맞이한다. 진한 커피와.

　불안한 중년의 보잘것없고 의욕만 앞선 나를, 그런 길을 먼저 걸었던 인생 선배가 선택해 주었듯이 나도 두 가지 질문과 함께 20년 전 나를 쏙 빼닮은 그녀를 기다리고 있다.

　7시 20분, 카페 문을 열고 들어오는 40대쯤으로 보이는 여자와 눈이 마주쳤다. 먼저와 있는 나를 보고 적잖게 당황해하면서 헐레벌떡 들어오는 모습 또한 어쩜 나를 닮았을까? 다음 일정 때문에 30분밖에 내줄 수 없지만, 20년 전 나를 닮은 그녀에게도 따뜻한 봄날과 빛나는 인생이 펼쳐지길 기대해 본다.

　자 이제 브레이크에서 발을 떼자. 엑셀에 발을 올리고 중년, 그리고 노년의 꿈을 향해 우리 함께 시동을 켜보자.

오십,
다시 돌봄이
시작되었다

초판1쇄 2025년 2월 27일 **지은이** 백미경 **펴낸이** 한효정 **편집교정** 안수경 **기획** 박화목 **디자인** purple **일러스트** Freepik **마케팅** 안수경 **펴낸곳** 도서출판 푸른향기 **출판등록** 2004년 9월 16일 제 320-2004-54호 **주소** 서울 영등포구 선유로 43가길 24 104-1002 (07210) **이메일** prunbook@ naver.com **전화번호** 02-2671-5663 **팩스** 02-2671-5662
홈페이지 prunbook.com | facebook.com/prunbook | instagram.com/prunbook

ISBN 978-89-6782-233-0 03190
ⓒ 백미경, 2025, Printed in Korea

*책값은 뒤표지에 있습니다.

이 도서의 국립중앙도서관 출판예정도서목록(CIP)은 서지정보유통지원시스템 홈페이지(http://seoji. nl.go.kr)와 국가자료공동목록시스템(http://www.nl.go.kr/kolisnet)에서 이용하실 수 있습니다.